JN087631

日本語教育学入門

日本語教育学入門（'24）

©2024　伊東祐郎・滝浦真人

装丁デザイン：牧野剛士
本文デザイン：畑中　猛

s-81

まえがき

　国境を越えて移動する日本語学習者の急増は、学習動機、学習目的の多様化を伴いながら、教育現場に様々な課題とその解決へと導く多くの変容をもたらしました。日本語プログラムに対する様々なニーズへの対応は、教育内容や教育方法の検討などを通じて促進され、伝統的な教師主導型や知識伝授型の教授法は変化を余儀なくされようとしています。日本語教育は今、大きな転換期に直面していると言ってもよいでしょう。そんな中、2019年に「日本語教育推進法」が公布され、2024年には「日本語教育機関認定法」が施行の運びとなり、日本語教育を取り巻く環境も大きく変わろうとしています。諸条件の整備された認定日本語教育機関と高度な専門職としての登録日本語教員を軸に、質・量ともにアップグレードされた日本語教育の展開を見ることになるでしょう。

　放送大学2024年度開講科目「日本語教育学入門」は、こうした状況を踏まえ、放送大学で初となる科目として制作されました。日本語教育を行うには、（ア）言語に関する知識・能力、（イ）日本語の教授に関する知識・能力、（ウ）日本語教育の背景をなす事項についての知識・能力を有していることが求められますが、本講座では、15回と限られた回数ながら、伊東が（イ）と（ウ）に関わる領域、滝浦が（ア）に関わる領域を担当します。日本語教育で目にすることになる概念や用語に、ひと通り馴染んでもらえるよう意図しました。また、本印刷教材とペアをなす放送授業では、日本語教育の最前線で活躍されている日本語教師の生の声と授業風景を通して、指導上の工夫や日本語レベルの違いによる指導の難しさや楽しさ、今後の日本語教師に求められる資質や能力など、日本語教育のリアルを感じてもらえるようにもデザインされています。

　日本語教育の面白さは、異なった言語や文化背景（言語・文化・学習経験・学習ビリーフ・学習態度など）を持つ学習者を対象とした教育実践にあります。最近では「学習者」に焦点が置かれ、また「生活者」としての学習者を大きな対象としながら、「Can-do（…できる）」の尺度で習熟度を見るという枠組みの中で、多彩な教育実践が行われています。教材や機器、通信手段の進歩も大きな影響を与えています。デジタル技術の進歩と普及によって、タブレット端末やパソコンを使用した双方向コミュニケーションが容易となり、これまでの教室という空間における教師の役割も大きく変わろうとしています。

　海外にルーツを持った多くの人々とともに暮らすことが普通になっていくであろう新しい日本社会において、日本語教育は社会をつなぐ大変重要な「インフラ」としての役割を担っていくものと考えています。受講される皆さんも、ぜひそうした意義を感じながら本科目を学び、新しい時代の日本語教育について、たくさんの新たな気づきや発見をされるよう願っています。

　末筆となりますが、本科目の制作に当たり、ご尽力くださった各方面の皆様に心よりの感謝を申し上げたく思います。多大なご協力を賜った千駄ヶ谷日本語学校および同日本語教育研究所の小山紀子先生、新山忠和先生（順不同）をはじめとする先生方、番組制作を力強く支えながら着々と進行させてくださった北野貴大さん、福田智美さん、本田琴美さんをはじめとするネットラーニング社スタッフの皆様、まことにありがとうございました。印刷教材の編集担当の田中敦子さん、オンライン教育課の初谷茂さんにも感謝します。

2023年秋

主任講師　伊東祐郎・滝浦真人

目 次

1 | 世界と日本：日本語教育の歴史と現状

伊東祐郎

《目標＆ポイント》　日本語教育の史的変遷を学ぶことによって、言語教育が社会的にまた政治的にどのような役割を担っていたのかを理解し、これからの複雑で予測不可能な世界の中で日本語教育そして日本語教師がどのように貢献できるかを考察する。
《キーワード》　宣教師、イエズス会、鎖国、植民地、多文化共生、相互理解

1. 日本語教育の史的変遷とは

　日本語教育は日本語を母語としない人たちに対する教育である。すなわち日本語教育は外国人に対する言語教育である。そこには必然的に日本語を学ぶ必要性があり、時に日本語を学ばなければならない状況があり、社会の背景や人の生き方と密接に関わる教育分野であることが分かる。このように考えると、何のために日本語を教えるのか、どうして日本語を教えたいと考えるのか、という問いへの答えも、学習者がなぜ日本語に興味や関心を抱き学ぼうとしているかの背景事情によって、また変わってくるだろう。日本語教育をめざす読者の皆さんが日本語教育をどのように捉えているか、また日本語教育をめざす理由が何であるかを改めて考えるためにも、本章では、日本語教育の歴史を振り返り、広く外国語教育の在り方や捉え方を再考する機会としたい。
　日本語教育がどのような経緯で今日に至っているか考えてみる。筆者

自身、日本語教育にたずさわって30年以上になる。この間の社会の移り変わりやそれに伴う学習者の変化、また教材・教具なども随分と多様化しかつ充実してきた。日本語を教え始めた頃は、先人たちの積み上げてきた歴史や伝統という日本語教育のやり方や、また作り上げてきた教材・教具を受け継いで実践することができた。現在の状況はまたずいぶん異なるだろう。筆者が関わってきた時代だけでなく、それ以前の日本語教育の歴史を振り返ることによって、日本語教育というものがどのような捉え方をされ、位置づけられてきたのかも把握しておきたい。日本語という「言葉」の教育は、社会からさまざまに影響を受けるだろうし、文化とも密接な関わりがあることから、人格形成や生き方にも大きな役割を担っていると考えるからである。

　日本語教育がいつから始まったのかを知るために過去の文献を紐解いてみると、古くはキリシタン宣教師が渡来してきた16世紀後半に日本語教育が行われていたことが確認できる。そこで、本章では日本語教育を以下の三つの時代区分に分けて考えてみる。

　①学習者が主体となって始まった頃から1895年までの日本語教育
　②1895年以降から1945年敗戦までの日本語教育
　③戦後1945年以降から現在までの日本語教育

2.　学習者が主体となって始まった頃から1895年までの日本語教育

　この時代は、日本に関わりのあった外国人学習者や研究者によって日本語教育が発展した時代と言える。地理的な関係で、東アジアの朝鮮や中国とは文物の交換等があったことから隣国との関わりに注目してみたい。日本と大陸、特に朝鮮半島との交流は、外交をはじめ公的私的領域ともに活発に行われていた。15世紀には明とアジア諸国との間で、勘合

船を通じて行われた公式の勘合船貿易が行われていた。当時、朝鮮半島の沿岸を荒らしていた倭寇制圧のために外交交渉が頻繁に行われるようになると、日本語の翻訳や通訳の必要性が高まった。実際、1414年に朝鮮の「司訳院」という外国語教育機関の通訳養成所で日本語が教え始められた。現存している最古の日本語教材は朝鮮司訳院が開発した『伊呂波』だと考えられている。1443年の世宗王によるハングル文字の公布後の1492年に日本語教材が出版されている。日本語と日本文字が紹介されたもので、ハングル文字から当時の日本語の発音を知ることができる。

　17世紀には、日本語学習用テキストして『捷解新語』が李氏朝鮮で編纂された。康遇聖によって著された日本語学習書である。対話体の日本語（平仮名漢字交じり表記）とその音注、対訳から成る。解説文はない。本書の成立により、朝鮮ではそれ以前に用いられていた数種の学習書がみな廃止された。以後本書とその改修版が甲午改革（1894）まで用いられることとなる。

　一方、15世紀頃、明代の中国では日本語教科書『日本館訳語』が刊行された。566語ほどの日本語語彙が中国語で「意味」「発音」の順に並べられている。これは中国人が漢字で日本語を写したものである。

　16世紀から17世紀にかけては、イエズス会の宣教師が、キリスト教の伝道のために日本語を学習する必要があった。その背景には、イエズス会の宣教師たちは未知の世界に出向き、布教活動を展開するためには現地の言葉で行うことが求められていたからだ。日本語を学ぶために、普段から日本人と向き合い日本語を聞いたり書いたりする中で、自然に日本語を身につけたと言われている。宣教師のなかには習熟した日本語の文法規則などを他の宣教師に伝えるために学習書としてまとめた人達がいて、組織的に日本語学習が行われていた。

　1579年に初来日した宣教師ヴァリニャーノ（Alessandro Valignano）

は、日本へ派遣されてくる宣教師たちが日本の文化や慣習を理解できる
よう書物にまとめ、宣教師が日本人を教化する際には、日本人・日本文
化を知って歩み寄ることが大切であるとの思いから日本語学習を奨励し
た。その後、イエズス会は、実に多くの日本語研究書や教義書を総集成
し、活版印刷技術の黎明期にポルトガル式ローマ字本や国字本を発行し
た。宣教師たちは室町時代の話し言葉で『平家物語』や『伊曾保物語』、
『金句集』を日本語学習のために教材化した。イエズス会のロドリゲス
（João Rodriguez）は1577年に来日し、日本語研究の中心メンバーだった。
布教活動のみならず、日本語研究においては、『日本大文典』を長崎で
出版し、『日本小文典』を日本追放後のマカオで刊行した。後者は、日
本語入門者向けという性格が強く、名詞や動詞の活用、品詞、日本語の
文体、文化的背景について学べるようになっていた。また、ロドリゲス
は、日本語の敬語の体系化に貢献したとされる。ロドリゲスの敬語論で
は、「尊敬・謙譲・丁寧」の三分法的捉え方を示し、話し手・聞き手・
同席者・話題の人物相互間の上下関係および内外の関係によって敬語の
使い方が決まることを解明した。学習者にとっては敬語の使用・不使用、
語形が変化することなど日本語敬語の相対敬語的性格を正しく学ぶこと
ができた。日本語研究という視点から考えると、イエズス会の宣教師ら
の功績は非常に大きいと言える。

　17世紀に入ると、徳川幕府はキリスト教に対する警戒心を強め、つい
にはキリスト教を全面的に禁止し、日本に派遣されていたイエズス会の
宣教師を海外に追放した。中国船を除く外国船の来航を平戸と長崎に限
定し鎖国制度が始まった。当初はポルトガル、イギリス、オランダとの
交易が行われていたが、その後オランダ以外の国からの外国人の渡航を
禁止した。日本人との接触も制限されていたので、この頃の日本語学習
に対する関心は高くはなかったと考えられる。他方、ロシアは不凍港を

求める南下政策をとっていたので、日本への関心も高く、日本語学習も国策として重要視していた。

ロシアにおける最初の日本語教師はデンベイ（伝兵衛）であった。記録によると、最初にロシアを訪れた日本人漂流民で、ロシアで日本語を教えた最初の日本人とされる。1696年、海路で江戸に向かう途中嵐に遭い、漂流の後カムチャッカ半島に漂着した。1697年にロシア人の探検隊に発見され、ロシア帝国のモスクワに連れて行かれた。1705年、ピョートル大帝はペテルブルグに日本語学校を設け、漂流民デンベイを教師に任じた。

ロシアでの日本語教師にゴンザとソウザがいた。ゴンザとソウザは、江戸時代の薩摩国出身者で、1729年にカムチャッカ半島に漂着し、ロシア帝国のサンクトペテルブルクで日本語を教えたとされている。ゴンザはロシア語と日本語（薩摩方言）の辞典の編纂に尽力した。また、1783年伊勢から江戸に向かって出帆していた大黒屋光太夫らが駿河沖で遭難し、アリューシャン列島のアムチトカ島に漂着した。ロシア人に救助され、アムチトカ島、カムチャッカ、イルクーツクで暮らし、1791年ペテルブルグでエカチェリーナ2世に拝謁した彼らは帰国を嘆願した。光太夫31歳の時、彼を日本語学校の教師にというロシアの望みをふりきって3名は帰国したが、残った2人は日本語教師として事典等の編纂にも参加している。『全世界言語比較辞典』には270余の日本語の単語が含まれているが、これは当時ペテルブルグに滞在していた大黒屋光太夫が監修を依頼されたものである。

オランダは、鎖国時代に交易が認められた数少ない外国であった。1823年、27歳で来日したドイツ人シーボルト（Philipp Franz von Siebold）は、オランダ領東インド政庁の商館付き医師として長崎・出島に赴任した。診療所での医療活動のかたわら私塾「鳴滝塾」で多くの

蘭学者を育て、日本の動植物の研究に没頭した。また彼は、オランダ政府から「日本の政治・軍事情報を収集せよ」との特命を受けた、日蘭貿易に役立つ市場調査を行う調査員だった。1828年、帰国に際して、長崎港のオランダ船が暴風雨で難破、修理のため積み荷を陸揚げしたとき、シーボルトの荷から、国外への持ち出しが禁じられていた日本地図や江戸城の見取図、樺太計測地図の写しなどが発見され問題になった「シーボルト事件」が起こった。シーボルトは日本追放を言い渡され、その際に多量の資料を送ったり持ち帰ったりした。その後、オランダ政府からの後援を受け、研究成果を整理して日本についての総合的研究である大著『日本』（1832〜1851）等を刊行した。

　幕末期にキリシタン禁令が弱まったことやヨーロッパでの日本に対する興味・関心が高まったこと、そしてシーボルトが持ち帰った日本関連資料などによって、その後のヨーロッパでの日本語研究の下地が作られた。さらに、ヨーロッパにおける日本語研究に画期的な貢献をしたのは、ドイツの言語学者であるホフマン（Johann Joseph Hoffmann）だった。25才の時アムステルダムでシーボルトと出会ったことから、東洋に興味を抱き、シーボルトと共著で『日本書誌』を刊行した。さらには、日本語の文語体を中心に、文字、発音、文法を詳細に解説する『日本語文典』を出版し高い評価を得た。ライデン大学初の日本学教授としてヨーロッパにおける日本語研究の第一人者となった。

　日本の開国が間近になった頃、また、日米修好通商条約の締結以降、日本へやって来たのがアメリカからの宣教師だった。ヘボン（James Curtis Hepburn）は、横浜で医療活動に従事するかたわら、聖書の日本語訳に携わり和英辞典『和英語林集成』を編纂し、その第3版でヘボン式ローマ字を広めた。アメリカ・オランダ改革派教会から派遣された宣教師、ブラウン（Samuel Robbins Brown）は、ヘボンに数か月遅れ

て来日し、ヘボンと共に聖書の翻訳を通して日英対訳の『会話日本語』を出版した。幕末から明治にかけての日本社会の激動期に日本語研究も大きく前進した。サトウ（Ernest Mason Satow）は、イギリス駐日領事館の通訳として日本語の学習ならびに研究に熱心で、1862年以降『Kaiwa Hen（会話篇）』や『英日口語辞典』を発刊した。チェンバレン（Basil Hall Chamberlain）は、1873年に来日し、東京帝国大学で博言学を教え、近代日本語研究の基礎を築いた。彼は『日本口語便覧』や漢字の学習書『文字のしるべ』を世に出した。チェンバレンは、日本語習得のためには文字が必要であると認識し、漢字の重要性を説いた。

3. 1895年以降から1945年敗戦までの日本語教育＝国策としての日本語普及教育時代（明治時代から太平洋戦争終結まで）

　明治以降の日本語教育は、それまでの学習者である外国人が日本語を教えるという状況から、日本人が日本語を本格的に教える形に変わり始めた時代と言える。学習者が留学生であるという点も特徴的である。当時、朝鮮は1876年に日本と結んだ日朝修好条約によって、多くの留学生を日本に送り込んだ。留学生は日本語を学び、その後大学に進学して西欧の制度を学ぶことを目的としていた。1881年に福沢諭吉が朝鮮から留学生を受け入れて以来、日本人が日本語教師になり、本格的な日本語教育が始まったとされている。

　中国人留学生の受け入れは、清国から日本政府に対する留学生受け入れの要請が契機となっている。1896年に文部大臣西園寺公望は清国からの中国人留学生13名を受け入れ、嘉納治五郎に教育を託した。これは組織的な「留学生に対する日本語教育」の先駆けとなった。嘉納はその後留学生教育のために塾「亦楽書院」を設けた。1902年には規模拡大のた

め牛込に「弘文学院」を開き、同校の在留学生は500名を数えた。第一高等学校、学習院、早稲田大学も中国人留学生を受け入れ、日露戦争での日本の勝利によって、留学生数は8,000人を超えた。中国人留学生の目的は、西洋の学問を取り入れた日本から近代的な学問を吸収することだった。当時の留学生には蒋介石、周恩来、魯迅をはじめ、後に指導者となる多くの人物がいたとされる。魯迅に日本語を教えた松本亀次郎は、入門レベルから上級レベルの日本語を扱った『日本語教科書』を刊行し広く使われた。また、「弘文学院」の教授となった松下大三郎は、中国人留学生への日本語教育に尽力し、松下文法とよばれる日本語の文法理論を確立し、『漢訳日本口語文典』を刊行した。

　日露戦争の日本の勝利は、ヨーロッパ列強の植民地支配を受けていたインド、ベトナム、タイなどアジア諸国に影響を与え、自国の独立や近代化の夢を抱いた私費留学生も来日して学ぶようになった。1935年、中国以外の国からの留学生の受け入れ機関として国際学友会が設立された。日本ではじめての多国籍・多文化の留学生を受け入れ、1936年からは欧米や南米諸国からも国費によって受け入れた。多様な留学生の受け入れは、留学目的の違いにも現れるようになった。科学技術を専攻とする者がいる一方で、日本文化や精神文化を学ぶ者もいて、日本語教育の多様化が進んだ。漢字をはじめて学ぶ学習者にとっては、従来からの中国人用教科書等は使用できず、新たな教材やカリキュラムが必要となった。

　長沼直兄は、英国人言語学者パーマー（Harold Edward Palmer）と出会い、米国大使館でアメリカ人将校への日本語教育に尽力した。彼等のために『標準日本語讀本』を刊行したが、この教材は構文・語彙・漢字を総合したもので、パーマーが提唱する教授法「オーラル・メソッド」を取り入れていた。日本文学者のドナルド・キーンは、この教科書で学

び日本語運用力を身につけた。

　時代をだいぶ遡ることになるが、日清戦争後の1895年、台湾が日本の領土となると、日本は台湾総督府を置いた。学務部長となった伊沢修二は台北北部の芝山巌に小学校「芝山巌学堂」を設立し、教師７人の計８人で「国語」として日本語を教えていた。翌1896年元旦、伊沢が一時帰国の留守中に、抗日ゲリラに日本人教師６名が襲撃された。これが芝山巌事件である。台湾総督府は「公学校令」を発布して公学校を設置し、８歳以上14歳未満の台湾籍学童に対して６年間の国語（日本語の作文、読書、習字）をはじめ修身、算術、唱歌、体操を日本語で教えた。この頃の教授法は直接法による指導で山口喜一郎がその推進役となった。山口は文法訳読法への批判を受け、ナチュラル・メソッドである「グアン・メソッド（グアン式教授法)」を採用し台湾における日本語普及に傾注した。

　一方、朝鮮における日本語教育は、1876年の日朝修好条約締結後、1881年に朝鮮政府から３名の留学生が派遣され慶應義塾で学んだのが始まりだとされている。また朝鮮政府は、1891年には現在のソウル特別市にあたる京城府に日本語学校を設立し、岡倉由三郎を校長に招いている。岡倉は若い頃から外国語に興味を持っており、東京帝国大学でチェンバレンと出会うことで、日本語を国語学ではなく外国語としての日本語という視点で見ることを教わった、実践的な教育者だった。

　1910年の日韓併合により日本政府は韓国を統治下に置き、京城府に朝鮮総督府を設置した。以降、朝鮮半島の人々には日本国籍が与えられ、子供たちは日本の子供として学校で学ぶことが義務化された。それは、皇民化のための日本語教育の徹底や朝鮮の日本化を目指したものだった。したがって日本語教育は、日中戦争、太平洋戦争とともに国語教育として強化されていくことになった。朝鮮総督府は台湾で日本語教育に

従事していた山口喜一郎の日本語教授法を高く評価し朝鮮に招聘した。山口は渡朝後、朝鮮総督府の内で行われている教育の研究に参加し新教科書編纂に貢献した。1922年に朝鮮総督府は、教育政策を「文化統治」へ変更し、朝鮮人と日本人を融和させ、朝鮮人の日本人化を強力に押し進める「国語常用・国語全解」運動を実施した。これらの動きに朝鮮人の兵力動員が加味され、政治課題となっていった。1939年には朝鮮人に対して新たに「氏」を創設させ、また「名」を改めることを許可した「創氏改名」政策が行われた。国語普及政策は、朝鮮民族の言語文化に対して深い傷を負わせることになった。

　中国における日本語教育は、日清戦争から日露戦争までの間は中国人による日本留学という形態が主流だった。1911年に辛亥革命が起きるが、革命指導者の多くが日本への留学経験者だったと言われている。日露戦争後は、ロシアから日本が引き継いだ租借地（関東州）をはじめ、日本が権益を取得している中国東北地方で日本語教育が始まった。これらの地域は、台湾や朝鮮のような植民地ではなかったので日本語を同化教育の手段として強制することはできなかった。1932年に「満州国」が建国されても、満州族、大和族、漢族、モンゴル族、朝鮮族の五民族が協調して暮らせる「五族協和」が打ち出され、日本語を「国語」として学ばせることはできなかった。しかしながら、現実には日本語が初等教育に導入され、関東州や南満州鉄道に勤務する職員に対しては特権的な言語として位置づけられ、軍や官公庁においては日本語が公用語として使用されることになった。

　1937年の盧溝橋事件により日中戦争が全面化した。軍部が先導した対中国占領政策において、日本語教師は日本語普及活動を通してその政策を支える立場にあった。台湾、朝鮮での日本語教育を経験した山口喜一郎は、日本精神は日本語により伝えられるべきだという直接法の言説に

基づく日本語教育に携わった。また、大出正篤<ruby>大出正篤<rt>おおいでまさひろ</rt></ruby>は、学習者に予習用として中国語の対訳教科書を持たせ、教室では直接法による教室活動を基本とする「速成式教授法」を実践し、学習者と教師双方の負担の軽減と学習効果の向上を追及した。大出の著した教科書『効果的速成式　標準日本語讀本』は実践から導き出した教育理論を基に書かれている。

　これまで東アジアの日本語教育について概観してきたが、この頃の日本語教育は日本軍の占領と関わりが深く、軍の指導で行われていたために敗戦までの期間という限定的であったことが特徴として挙げられる。では東南アジアにおける日本語教育はどうだったのだろうか。以下に概観してみる。

　16世紀半ばから約300年スペインの統治下にあったフィリピンは、その後アメリカの植民地となった。現在のミャンマー（当時のビルマ）は、イギリス領インドの一部としての植民地だった。また、マレーシアやシンガポール（当時のマライ）については19世紀初頭はオランダ領、19世紀末にはイギリス領だった。ベトナム地域は欧米列強の植民地だった。

　1941年に太平洋戦争が始まる。上記の地域での日本語教育が本格的に行われるのは、太平洋戦勃発前夜に文部省によって設立された「日本語教育振興会」（以下「振興会」）による日本語教員の南方諸地域への派遣事業であった。教員養成をはじめ教科書等も作成された。戦争遂行のために国民が総動員されたことがうかがえる。

　インドネシア地域では、日本軍の侵攻によってオランダ語教育を廃止し、六年制の初等教育で日本語を必須科目として教えた。日本語学校への入学希望者も定員を上回るほどの人気だった。シンガポールを含むマレー半島では、学校での教授用語がマレー語と日本語という方針のもと、日本語は全学年で必須科目として定められていた。ビルマでは、英語使用をやめさせ、日本語の普及を図る方針を立てたが、エリート層では英

語が主流になっていたので、日本の敗戦まで日本語が必修科目になることはなかった。フィリピンでは、1942年、軍政当局は閉鎖されていた小学校を開校し翌年から初等教育から高等教育までで日本語を必須科目とした。公用語を日本語またはタガログ語とし、併せて英語ならびにスペイン語の使用も許した。フィリピンにおける、日本の占領に対する反感は強かった。

　一方、アメリカ合衆国は1941年の日本との開戦前から太平洋戦線全域に情報網を開設する必要があり、日本語が堪能な人材を必要性としていた。そのため、米海軍は「アメリカ海軍日本語学校」（U.S. Navy Japanese/Oriental Language School）を設立した。戦争中の諜報活動には、エドワード・サイデンステッカー、ドナルド・キーン、オーティス・ケーリが携わった。海軍が提案した短期集中型日本語教育プログラムでは、米国大使館で日本語教師を務めた長沼直兄による『標準日本語讀本』が使われた。また、日系人は教師というよりインフォーマントとしてさまざまな日本語に触れさせるために雇われていた。キーンによるとわずか11か月間で仮名と漢字、日本軍の命令・暗号解読に必要な文語やくずし字の読み方まで学んだという。

4. 戦後1945年以降から現在までの日本語教育

　1945年第二次世界大戦終結後、日本の占領政策を行ったGHQ（General Headquarters＝連合国軍最高司令官総司令部）の指令により「振興会」は解散を命じられた。ここに、「振興会」に象徴された日本語教育は名実ともに消滅することとなり、敗戦とともに日本語教育はそれまでの役目を終えた。敗戦後の数年間、日本語教育は殆んど空白の時期を迎えることになる。その中で敗戦直後から日本語教育を継続した組織があった。ひとつは「振興会」を継承することになった長沼直兄の「言語文化研究

所」で、その中に設立された付属東京日本語学校（現・学校法人長沼スクール　東京日本語学校）である。もうひとつは「国際学友会日本語学校」（現・独立行政法人日本学生支援機構　東京日本語教育センター）である。

　戦後、欧米各国の支配下におかれていた東南アジア諸国は、次々と独立し新たな歩みを始めることになる。日本はこれらの諸国と、お互いに独立国として対等な立場での外交関係を築いていった。戦争中に日本へ留学し日本語を学んだ留学生のなかには、その後政財界で活躍し要人となった者も少なくなく、知日派あるいは親日派として戦後の日本と彼らの母国との架け橋になっている。また、文化交流や日本語教育の推進にも大きな役割を担い、彼らの流暢な日本語でのコミュニケーションは、相互理解、そして平和な環境作りに貢献し今日に至っている。

　1951年に調印されたサンフランシスコ講和条約によって戦後の日本の復興と共に、諸外国との技術協力ならびに経済援助が始まった。その後、国際学友会日本語学校で日本語教室が再開され、政府派遣の留学生の受け入れが本格化した。1年間で留学生を日本の大学に進学させるための日本語予備教育プログラムが確立した。1954年には文部省による「国費外国人留学生招致制度」が発足し、東京外国語大学と大阪外国語大学（現・大阪大学）に留学生予備教育課程が置かれ、主として学部進学を目指す留学生教育の体制が整った。1961年には文部省は「日本語・日本事情」科目を留学生特設科目として認定し、国立大学に担当教員の配置を進めた。なお、戦後の日本語教育施策については第2章「言語政策と日本語教育」を参照されたい。

5.　相互理解、そして共生社会構築のための日本語教育

　外国語教育の史的変遷を分析してみると、過去には経済的、また軍事

的理由による「言葉」の存在が大きかったことがわかる。日本語教育に限って言えば、時代のときどきの社会の動きや国の政策によって大きく影響を受けてきたことが実感できる。今、私たちの置かれている状況はどうであろうか。少なくとも筆者が日本語教師として教壇に立ち始めた頃は、日本経済が元気な頃で、世界中の人達が日本の国、日本人の勤勉性や社会の構造に興味を持って日本語を学ぼうとしていた。その後、経済的な魅力を残しながら、日本の文化、特にアニメに代表されるようなポップ・カルチャーに興味を持った若者たちが日本や日本語に興味を持つようになって、日本語を学ぶ動機になっている。同時に、日本が少子高齢化を迎えることになり、多くの外国人労働者を受け入れる今日、留学ではなく就労を目的に日本にやってきて、仕事のために日本語を学ぶ人たちも多くなった。留学生のように短期滞在者ではなく長期に日本に住むことになった定住者や永住者も増えている。このような現状から、日本は言語や文化、価値観の異なる人達が一緒に暮らす多文化共生社会に変わりつつある。異文化や異言語環境においては「言葉」の学習や獲得によって相互理解や自身の安全や安心を求めることにもつながっていたし、今もそうである。日本語教育は、このような状況の中でさらなる貢献をすることが期待される。

　外国で生活することになると、やはり言葉の壁は避けては通れない。今、日本で生活している外国人にとっての課題はおそらく「言葉の壁」をどう乗り切るかであろう。過去の日本語教育が経済や軍事のためだったとしたら、今の日本語教育は何のための日本語教育なのか今改めて考えてみてはどうだろうか。多文化共生という名の下に日本のあちらこちらでは、地域の日本語教室が開講されている。日本人住民と外国住民がお互いに交流する場となっていて、相互理解、相互尊重を図りながら活発な活動が展開されている。

　文部科学省の報告書（2016）では、言語力育成の必要性を以下のように説明している。

　　言語に関する豊かな環境が言語力を育てる土壌となる。また、言語を適切に用いることによって物事を決め、作り上げ、解決することができるように言語に対する信頼を高めることが言語力育成の根本にある。（中略）さらに、社会の高度化、情報化、国際化が進展し、言語情報の量的拡大と質的変化が進んでおり、言語力の育成に対する社会的な要請は高まっている。経済協力開発機構（OECD）による国際学力調査（PISA：Programme for International Student Assessment）で要請されている、文章や資料の分析・解釈・評価・論述などの能力は、今日の社会において広く求められるものである。

　これは日本人だけでなく、国境を越えて移動する全ての人達に共通の21世紀に生きるスキルとなっている。日本語教育は大きな可能性を秘めた分野である。言語力は、日本人ならびに外国人双方にとって、個人が社会の中での自己実現を果たしていくために必要な基礎・基本の能力であると思われる。これからの展開に期待したい。

参照文献

遠藤織枝編著（2020）『新・日本語教育を学ぶ－なぜ、なにを、どう教えるか－』三修社

言語能力の向上に関する特別チーム（2016）「言語能力の向上に関する特別チームにおける審議の取りまとめ」中央教育審議会初等中等教育分科会教育課程部会 https://www.mext.go.jp/b_menu/shingi/chukyo/chukyo3/056/sonota/__icsFiles/afieldfile/2016/09/12/1377098.pdf

関正昭（1997）『日本語教育史研究序説』スリーエーネットワーク

関正昭・平高史也（1997）『NAFL 選書　日本語教育史』アルク

2 | 言語政策と日本語教育

伊東祐郎

《**目標＆ポイント**》　日本社会の国際化という時代的背景の中で、日本におけるこれまでの言語政策や言語計画を概観し、それらが日本語教育とそれを担う日本語教師そして教師教育にどのような影響を与え、また議論されてきたのかについて理解する。
《**キーワード**》　言語政策、言語計画、文化庁、日本語教育推進法

1. 言語政策とは

　1980年代後半以降の日本における急速な国際化の中で、国境を越えて移動する人々が増加してきた。これにより、各地域には定住化する外国人が増加している。それに伴って、地域社会では、市民ボランティアによる日本語学習支援の活動や外国人と日本人の交流を目指した催し物などが活発に行われるようになってきている。また、近年では、日本社会における人口減少によって労働人口が大幅に減少することから、外国人労働力の存在が注目を集めている。経済連携協定（EPA）は、幅広い分野から多くの外国人材を受け入れるもので、彼らに対する日本語教育や日本語能力要件等が議論されている。また、成人の移動は、大人達によって連れてこられる外国人児童生徒の増加や、保護者の国際結婚などによる日本国籍の児童生徒の増加等により、日本語指導が必要な児童生徒数も増加の一途を辿っている。このようなグローバル社会において、

日本語教育の存在や意義について考えることは、これまで以上に注目され、また重要になってきている。日本語教育に関わる人たちが必ずしも日本語教育の専門性を十分に備えているとは限らない現況にあって、多業種多分野の、異なる専門性を持っている人々が日本語教育に関わり、日本語教育の必要性を議論し始めている。

　庄司（2013）によれば、言語政策は、国や地方自治体などの公的な権力が、自分たちの理念に基づいて、その支配地域で言語のルールを定め、特定の言語を強化し、使いやすくしたり、広めたり教えたりする活動である。そして、多言語政策とは、複数の言語が存在することを前提とし、それらの言語の調整に焦点を当てる政策のことである。これには、地域言語や先住民言語を考慮した「地域的多言語政策」と、移民言語を対象とする「移民言語政策」が含まれる。その上で庄司は、多言語社会における言語政策を以下の 4 つの項目にまとめている（庄司2017、渡戸2017）。

①言語の地位に関連する政策（法的な規定による言語の地位や使用に関する政策）

②移民への言語教育（移民を受け入れる国の公用語や国語などの主要な言語の教育、また、移民言語の母語教育）

③司法、警察、行政、住民サービスにおける政策（司法通訳、自治体での多言語使用など、外国語でのサポートに関する政策）

④言語政策に対する合意を得る政策

　①と②に関しては、広く解釈すれば、移民に対する日本語教育と移民の母語保持教育という 2 つのアプローチが考えられる。しかし、日本は公的には移民一般を受け入れていないため、制度化されているわけではない。③については、制度化されているわけではないものの、各省庁や自治体で通訳や翻訳による外国語での支援が進められている。④に関し

ては、現在の日本の状況では移民受け入れを前提としていないため、議論の対象とはなっていない。以上のように、日本の言語政策はまだ十分な状況にあるとは言えない。

　言語政策（language policy）と言語計画（language planning）について、カルヴェ（Louis-Jean Calvel）（2002）は、言語政策を言語と社会生活のさまざまな関係に関する意識的な選択とし、言語政策の具体的な実行や行動への移行を言語計画としている。どの集団でも言語政策を提唱することはできる。たとえば、多国籍企業が社内での公用語を決定したり、会議や文書管理などの業務における言語計画を立てたりすることである。しかし、カルヴェは、言語と社会生活の重要な領域では、言語政策を実行に移す唯一の権限と手段を持つのは国家であると述べている。以下、戦後日本に焦点を当て、どのような言語政策が展開されてきたかを概観する。

2. 戦後の日本国内における言語政策（日本語教育政策）

　戦後復興期の日本語教育は、大学や民間教育機関において宣教師や外交官等限られた学習者に対して行われていたものが中心であった。その後、日本語教師である有志30名によって「日本語教育研究会」が発足し、日本語教育学会の前身である「外国人のための日本語教育学会」が創設された。これにより日本語を外国人に教授するための講習会や研修会等が度々開催され、徐々に日本語教育分野が広がりを見せ始めた。1977年、外務省と文部省両省の許可により、当学会は社団法人日本語教育学会（The Society for Teaching Japanese as a Foreign Language）となった。

　一方、高度経済成長期に入ってからは、日本と海外との文化交流事業

の必要性が国内外から叫ばれるようになり、1972年に政府からの出資を受けて外務省所管の独立行政法人国際交流基金（The Japan Foundation（JF））が設立された。海外における日本語の普及や日本研究の援助をはじめ、日本文化の紹介等幅広い文化交流事業の推進を主な事業としている。日本語教育の発展に協力する体制を特に強化拡充するため、埼玉県浦和市に日本語国際センターを開設し、海外日本語教師の研修、教材開発、日本語教育に関する情報交流等を展開してきた。海外では日本語教育拠点を複数設置し、日本語教育専門家を派遣し、現地の日本語教育を総合的に支援してきている。

　1974年には、文化庁においても日本語教育推進対策調査会が設けられ、日本語教育に関する各種の充実施策を総合的かつ効率的に推進するため、日本語教育推進のための中核となる日本語教育センターの設置の必要性を盛り込んだ「外国人に対する日本語教育の推進の具体策について」の報告書を出している。日本の海外進出による日本語教育の必要性が経済界を中心に叫ばれるようになってきたことがその背景にある。さらに、同年、中央教育審議会は「教育・学術・文化における国際交流について」の答申の中で、日本語教育施策を総合的かつ効果的に推進する機関として日本語教育センター的な中核となる機関の設置が急務である旨の提言を行った。このような経緯で、1976（昭和51）年、当時文化庁の附属機関であった国立国語研究所に日本語教育センターが設置された。

　1979年には、文化庁に日本語教育推進対策調査会が設けられた。この調査会によって「日本語教育の内容・方法の整備充実に関する調査研究について」が取りまとめられ、日本語学習者の日本語能力の測定と能力標準の設定の必要性が盛り込まれた。これを受けて、財団法人日本国際教育支援協会が日本語学習者の日本語能力を測定することを目的とした日本語能力試験（JLPT：Japanese-Language Proficiency Test）を開発

し、1983年度に国内において実施され、翌年度からは国際交流基金の協力のもと海外においても実施されることになった。2017年には海外76の国・地域、226都市、日本国内47都道府県を会場として実施され、国内外で初めて年間の応募者数が100万人を突破し、本試験の国内外での認知度と影響力はさらに高まっている。ちなみに、国際交流基金が実施した「海外日本語教育機関調査」によれば、海外における日本語学習者は、1984年の約58万人から2021年の約380万人と増えている。

3. 日本語教育を担う日本語教師とは

　日本語教師とは、国内外で日本語を母語としない人、主に外国人に対し日本語を指導する者を指す。1976年に文化庁に設けられた日本語教育推進対策調査会が、「日本語教員に必要な資質・能力とその向上策について」という報告書を提出した。日本語教員に期待される資質と能力について言及しその内容を規定するとともに、その向上等については、日本語教員の養成・研修等の制度的かつ内容的な改善を図ったものだった。その一方で、将来、日本語教員の資質・能力に関して何らかの基準を設けて能力検定の必要性を検討すべきであることを提言した。おそらく日本語教師の職能について議論され政策提言された報告はこれが初めてだろうと思われる。

　さらに、1985年、日本語教育施策の推進に関する調査研究会は、21世紀初頭の国内における日本語学習者を留学生とその他（一般成人、技術研修を目的とする者等）に分けて目的別日本語学習者数を算出し、日本語教育のために必要な日本語教員数の試算を行った上で、計画的な日本語教員養成機関の整備・充実策を提言した。この提言においては、国立大学に日本語教員の養成を主目的とする学科等を設けることが提案された。これにより、日本語教員養成の副専攻課程、ならびに民間の教員養

成機関を含めた各日本語教員養成機関の目的別の標準的な教育内容、履修のための単位数や時間数の基準、さらには日本語教員検定制度の基本計画が整ったことになる。注目すべきは、日本語教育の一層の充実のために、国によって日本語教育の専門家として必要な知識・能力を有する優れた日本語教員の養成が不可欠であることが認識され、日本語教員養成における教育内容・水準の基準が明確に示されたことである。

　日本語教員養成のための教育内容が提言されたことによって、1985年度に国立大学である筑波大学及び東京外国語大学に日本語教員養成のための学科等が設置された。それ以降、大学の教員養成学科等の整備が図られて今日に至っている。

　1987年には、日本語教員検定制度に関する調査研究会は、日本語教育に関する知識・能力が日本語教育の専門家として必要とされる水準に達しているかどうかを測るための検定制度を設けた。大学の日本語教員養成の副専攻課程レベルの知識・能力に水準を置いた日本語教育能力検定試験が実施されることになった。2022年度の受験者数は、7,054人と報告されている。

4.　日本社会と留学生受け入れに関わる政策

　留学生の受け入れについては、ちょうど東京オリンピックが開催された年に旧文部省内に留学生課が設置され、留学生の受け入れが本格的に始まった。1983年に中曽根総理大臣によって設けられた「二十一世紀への留学生政策懇談会」の報告書「二十一世紀への留学生政策に関する提言」が契機となり、留学生の受け入れ数を二十一世紀初頭には当時のフランス並みの10万人に増加させるという「留学生10万人計画」が掲げられた。国による留学生政策の新たな展開と、留学生の受け入れに関する各種施策の充実と改善が図られることになった。文部省はこれを受けて、

提言の具体的なガイドラインの策定を行い、その報告書「二十一世紀への留学生政策の展開について」で、留学生の交流は、日本と諸外国相互の教育研究水準の向上及び相互理解の増進に寄与するとともに、特に相手国が開発途上国の場合は人材養成への協力という点から重要な意義を有するものと位置づけた。文部省は、これらの提言及び留学生受け入れ体制の一層の整備充実を進めるために積極的に推進してきた。

　留学生10万人の受け入れの推進にともなって、国立大学には留学生に対する日本語及び日本事情教育等を行う「留学生センター」が設置されることになった。また、日本各地には日本語教育施設、すなわち日本語学校が増加した。1987年、就学希望者の授業料等返還問題を始めとして、日本語教育施設の在り方が社会的な問題となったことにより、同年、文部省は日本語教育施設における授業時間数、教員数、教員の資格等の要件を定めた「日本語教育施設の運営に関する基準」を策定した。さらに、1989年には、日本語教育関係者によって任意団体日本語教育振興協会が設立され、翌年文部大臣・法務大臣の許可のもと財団法人となった。その後、福田元総理大臣が「日本を世界に開かれた国とし、人の流れを拡大していくために重要である」として、文部科学省によって、日本が世界に対してより開かれた国へと発展する「グローバル戦略」の一環として「留学生30万人計画」が策定された。

5.　日本社会の変化と日本語教育の多様化

　日本語学習者の多様化や日本語教育の在り方が議論されるようになったのは、日本社会における外国人の増加とそれに伴う社会的影響があると思われる。そのきっかけとなったのは、1951年に制定された「出入国管理及び難民認定法」（以下、「入管法」と称す）が一部改正され、1990年に施行されたことによると言えよう。大幅な改正に至った背景には、

入国・在留目的が多様化し時代の要請に十分に対応し得るものではなかったことが指摘されている。また、日本社会や経済の国際化の進展に伴い、有能な外国人の採用や登用への要望が強くなってきたことも挙げられる（国際化社会に相応しい入国管理行政の実施）。あわせて、外国人の受け入れは日本社会の国際化や活性化に寄与すると共に、国際協調や相互理解の促進や開発途上国の人材育成にも貢献できることも挙げられていた（外国人の受け入れ範囲の拡大）。また、2012年には外国人の高度人材に対するポイント制による出入国管理上の優遇制度が導入され、日本語能力がポイント項目の一つとされたりするなど、日本語教育や日本語に関わる外国人の受け入れのための新たな取り組みが行われている。

　入管法の改正法が施行されたことにより、日系南米人や中国からの帰国者、あるいは国際結婚による日本人の配偶者などが急激に増加し、大都市ばかりでなく地方に散在して居住するようになった。このように地域社会の中で生活しているこれらの外国人は、日常の生活や職場での交流をする上で日本語能力が必要となり、日本語学習者の増加と多様化の大きな要因となっている。

　また、外国人に同伴される子供が増加し、文部科学省では、1991年度から公立小・中・高等学校等における日本語指導が必要な児童生徒の受け入れ状況等についての調査を行っており、最近の報告2021年度調査では、日本語指導が必要な外国籍の児童生徒は47,000人で、前回2018年度調査より16.8%増加している。一方、日本語指導が必要な日本国籍の児童生徒数も10,000人を超え、前回調査より3.1%増となっている。これには、帰国児童生徒のほかに日本国籍を含む重国籍の場合や、保護者の国際結婚により家庭内言語が日本語以外である者なども含むとしている。

6. 「生活者としての外国人」に対する日本語教育と政策

　入管法改正後の外国人住民に対する日本語教育について国はどのような対応を行ってきたのだろうか。筆者が委員を務めた文化審議会国語分科会は、外国人の定住化傾向や社会参加の必要性の高まりを踏まえた日本語教育の在り方について検討するために、2007年に日本語教育小委員会を設置した。実はその前年、内閣官房に設置された「外国人労働者問題関係省庁連絡会議」において在留外国人を隣人として捉え、はじめて「生活者としての外国人」という表現が使われ、「外国人が暮らしやすい地域社会づくり」のための対応策が議論されていた。このような経緯があり、日本語教育小委員会では、「「生活者としての外国人」に対する日本語教育の標準的なカリキュラム案について」（「カリキュラム案」という）の開発に着手し、カリキュラム案を活用するためのガイドブック、教材例集等を作成してきた。

　今日まで「生活者としての外国人」に対する日本語教育は、各地域の実情や外国人の置かれている状況に応じて、地域住民によるボランティア活動に支えられてきた。多くの自治体では外国住民への言語サービスや日本語支援サービスについても自主的なボランティアにその活動を委ね、行政施策として制度化しているところは決して多くはない。ボランティアは日本語教育の専門家ではないために、計画的かつ体系的な日本語教育の実践や活動の継続においては常に課題や困難をともない、その結果、ボランティアは過度の負担を強いられ、活動の限界を感じているという問題が指摘されている。文化庁の取り組みは、このような混沌とした状況を俯瞰した上で提案された施策で、多様な学習ニーズに応えるために、教室活動の準備や実践の在り方について一定の方向性や指針を示し、標準的な教育内容を具現化したことは高く評価できよう。

　このように、日本語教育小委員会での、日本語を母語としない住民に対する施策についての検討や審議によって、「生活者としての外国人」にとって社会参加するために必要な日本語学習が重要であると示されたことは意味のあることであった。それと共に、多文化共生の地域づくりの実現のためには、ボランティア任せではなく、国、都道府県及び市町村がそれぞれ担うべき役割、各機関の連携協力の在り方、並びに地域における日本語教育で必要とされる機関・人材の必要性とその役割についての考え方を示したことも特筆に値する。また、教育内容の改善についても言語的側面からではなく、生活上の一連の行為を日本語を使って行えるよう言語行動面から実例を整理し、生活場面と密接に関わるコミュニケーション活動を可能とする能力の獲得の重要性を明らかにしている点も高く評価したい。外国人にとって住みやすい社会創りは、日本人にとっても住みやすい社会の創出につながることを認識する施策となるよう願いたい。

7.　日本語教育に関する政策のビジョン

　日本語教育は、対象者である外国人の置かれた立場や学習目的、ニーズに応じて、多様な取り組みが行われており、日本語教育そのものが政策の手段となっている。留学生政策、入国管理政策、就労・産業政策など関係府省の個別の政策の実現のために、日本語教育の目的や内容、そして方法等が議論され、前提となる条件の設定も一様ではない。日本語教育学会の「最終報告書」でもこれらの異なる政策を縦割り行政という枠のなかで以下のように整理している。

・学齢期外国人児童・生徒と大学の一般留学生は文部科学省
・外国人技能実習生、アジア人財資金構想で受け入れる留学生は経済産業省

・経済連携協定（EPA）で来日した看護師・介護福祉士候補者に対する日本語教育は経済産業省、外務省、厚生労働省

　実際、地域の日本語教室等には日本語に関する相談以外のさまざまな相談や課題が持ち込まれていて、外国人が抱える問題は単に日本語学習や日本語能力の問題にとどまらず生活全般にわたっている。したがって、日本語教育の総合的なビジョンの策定については、教育、就労、医療、社会保障、住宅、産業等の各分野に加え、地域づくり、多文化共生など外国人施策の分野を対象に省庁横断的に取り組むことが大切になろう。どのような外国人を対象に、どのような目的や分野の日本語教育が必要かを検証し明確にした上で、既にある政府全体の総合的な対応プランなど現行の枠組みから個々の政策論に結びつけていく道筋が必要である。

　ここまで、日本を取り巻く状況の変化や、国際化、グローバル化によって、国境を越えて移動する人々が増加し、それに伴なって日本語を学ぶ学習者が増え、それに対応するための、主に国の取り組みについて概観してきた。このような時代的背景の中で、日本に在留する全ての外国人が日本社会で生活していく上で必要となる日本語能力を身に付け、教育・就労・生活の場でより円滑に意思疎通できる環境を整備するため、学習目標を明確化するとともに、日本語教育の更なる充実が必要であるとの認識のもと、2019年6月28日に、「日本語教育の推進に関する法律（令和元年法律第48号）」が公布・施行されるに至った。

　この法律制定の意義としては、日本語教育の推進によって、（1）国内においては多様な文化を尊重した共生社会の実現が可能となり、（2）海外においては諸外国との交流の促進並びに友好関係の維持・発展に寄与するものであることが明記されたことである。外国人の受け入れによって、在住外国人に対する日本語教育の公的保障の必要性を通した共生社会の実現が長年議論されてきた訳であるが、法律制定により日本語教育

の公的な位置づけが明確になり、共生社会実現のための日本語教育事業に法的根拠が与えられたことになる。このことは、日本語教育への取り組みに苦戦している地方公共団体の後押しになり、しかも、日本語教育に対する社会的認知が広がることにおいて極めて意義深い。

　2019年の日本語教育の推進に関する法律が公布されて以来、具体的な推進のための制度づくりの議論が行われている。ここで注目すべきこととして、2024年から日本語教育の質の向上を実現するために新たな法律が施行される（日本語教育機関認定法）。それに伴って2つの大きな動きがある。1つは、日本語教育機関の適格性を認定する動き（認定日本語教育機関）である。もう1つは、適格性を認定された日本語教育機関において日本語教育を指導する教員資格の整備（登録日本語教員）である。後者に関しては、日本語教師の専門性としての資質・能力を確保し、証明するための試験制度や実践研修制度が始まる。新たな日本語教育への理解を深め、日本語教師の質のさらなる向上につながることを願いたい。

参照文献

石井恵理子（2017）「子どもの日本語教育―人権としてのことばの教育―」『外国人労働者受け入れと日本語教育』ひつじ書房、183-209.

桂木隆夫編著（2003）『ことばと共生―言語の多様性と市民社会の課題―』（成蹊大学アジア太平洋研究センター叢書）三元社.

河原俊昭・野山広編著（2007）『外国人住民への言語サービス―地域社会・自治体は多言語社会をどう迎えるか―』明石書店

木村護郎クリストフ（2010）「日本における『言語権』の受容と展開」『社会言語科学』第13巻第1号. 4-18.

渋谷勝己（1999）「国語審議会における国語の管理」『社会言語科学』第2巻第1号.

5-14.

嶋津拓（2014）「日本語教育と言語政策」『日本語教育実践』凡人社、2014、10-13.

庄司博史（2013）「多言語政策—複数言語の共存は可能か」多言語化現象研究会編『多言語社会日本—その現状と課題』三元社

中川正春（2017）「『日本語教育推進基本法』を考える」田尻英三編『外国人労働者受け入れと日本語教育』ひつじ書房、1-18.

日本語教育学会（2014）『日本語教育法制化推進委員会最終報告書』日本語教育法制化推進委員会編

ネウストプニー, J.V.（1999）「日本の言語問題—巻頭言にかえて—」『社会言語科学』Vol.2. No.1. 1-4.

松岡洋子（2017）「社会を支える外国人移住者と受入れ社会とのコミュニケーション構築—多文化社会の持続可能性を支える仕組み—」『グローバル化と言語政策—サスティナブルな共生社会・言語教育の構築に向けて』明石書店、32-47.

渡戸一郎（2017）「自治体の外国人移民政策と言語問題」『グローバル化と言語政策—サスティナブルな共生社会・言語教育の構築に向けて』明石書店、15-31.

文化庁「日本語教育の推進に関する法律について」

https://www.bunka.go.jp/seisaku/bunka_gyosei/shokan_horei/other/suishin_houritsu/index.html　（2023-2-8閲覧）

3 | 第二言語習得と日本語学習

伊東祐郎

《**目標＆ポイント**》　日本語指導を行う上で参考になる第二言語習得研究の基礎・基本を理解し、指導や日本語学習の際に遭遇するであろう課題等の解決の糸口になる知識の獲得を目的とする。
《**キーワード**》　普遍文法、習得、第一言語、第二言語、誤用、インプット、対話

1. 第二言語習得研究とは

　日本語教育は、生まれて最初に獲得した言語（第一言語＝first language（L1））を自由に運用できる者に対する国語教育と異なり、第二言語（second language（L2））や外国語としての日本語を指導することを目的とする。日本語教育は、学習言語が母語ではないことから、外国語教授法という分野でさまざまな研究や実践が行われてきている。同時に、母語以外のL2や第三言語など言語習得理論の知見が応用されている分野でもある。教師にとって言語の仕組みについて熟知していることは、何をどのように教えるかを考える上で大切な知識となるが、併せて、学習者がL2である日本語をどのような過程を通して学んでいるのか、また学習上の困難点がどのようなものであるかを把握しておくことも、教師が有効な指導法を検討したり、学習者の学習上の困難点を解決したりする上で有益な情報を与えてくれることになる。

　第二言語習得研究とは、人がL1を習得した後に、もう一つの別の言語L2をどのように習得するかを研究する学問である。その目的は、L2の習得過程を科学的かつ実証的な研究に基づいて記述し、L2がどのようなメカニズムで機能しているかを探求する分野である。当然のことながら、人がL2を習得するプロセスには個別性や多様性があり、解明できていない事柄や一般化できない領域もある。しかしながら、解明され結論が出ている事項を理解したり参考にしたりすることで、効果的な学習が実現できることも多い。蓄積された知見は、言語習得理論の構築に寄与することになり、言語教育と第二言語の習得における学習理論やそれらに基づく外国語教授法の在り方や考え方に影響を与えてきている。

　第二言語習得研究でよく用いられる専門用語について整理しておく。「母語」は、生まれて最初に獲得された言語のことである。最近は「母国語」という用語を避けるようになっている。それは、日本生まれで日本国籍を持っていても、両親が外国出身で家庭内言語が例えばポルトガル語であった場合、母語が日本語ではなくポルトガル語ということになり、母語と本人の国籍が必ずしも一致していないといった状況があるからである。ヨーロッパなどでは、複数の言語を生活の中で運用する場合があり、それらの言語を第二言語、第三言語などと表現することがある。第二言語習得研究では、第三言語や第四言語を含め、母語以外の言語が研究の対象になっている。日本語教育においては、日本語が第二言語であるという位置づけからJapanese as a second language（JSL：第二言語としての日本語）という言い方もある。一方で、日本語を外国語として扱う場合には、Japanese as a foreign language（JFL：外国語としての日本語）と表現する場合もある。一般的には前者JSLは、日本語が学習者の属する社会や生活の中で使われ、コミュニケーションの手段として捉えられている場合の用語である。それに対してJFLは、日本語が使

われていない国や地域で、学習対象言語や外国語科目として位置づけられ、必ずしも生活のための言語として捉えられていない場合の用語である。第二言語習得研究は、JSLならびにJFLの双方が研究の対象になっている。最近のグローバル化の進展により人の移動も活発になって、JSLとJFLを厳密に区別すること自体が難しくなっている状況もあり、研究分野の対象は多岐にわたっている。

2. 第一言語の習得順序とは

　人には脳に生まれつき言語習得装置（Language Acquisition Device（LAD））が備わっていると考える立場がある。これは先天的な言語習得能力である普遍文法（Universal Grammar（UG））として語られているものである。言語習得は、個人の経験とLADの相互作用によって達成されるとされる。生まれ育った環境で自然に身につける最初の言語が母語となりL1となる。研究者によっては自然に身につくという点から「習得」ではなく「獲得」であると定義付ける場合もあるが、英語のacquisitionの訳でも習得と獲得の両方が用いられるので、本章では同義として使用する。

　LADを持っている人は言葉をどのようにして獲得していくのだろうか。第二言語習得研究は、第一言語習得との類似性や相違性が研究の対象になることが多い。まずは母語であるL1の一般的な習得のメカニズムについて概説しておきたい。

　生まれたばかりの幼児は、いきなり母語を話すわけではない。しばらくは、何も話さない「沈黙期」がある。生後10か月から12か月くらい続くと言われている。この沈黙期に幼児は家族や身の回りにいる人達から音声による言語をシャワーのように浴びせられることになる。幼児はこの沈黙期に何も学習しないまま過ごしているのではなく、周りの人達か

ら話しかけられる言葉を耳にしながら、無意識のうちに音韻の特徴や発声の仕方を獲得していると言われている。この後に続く発話のための準備期間を過ごしているのである。その後、幼児は一語を発する一語発話期に入り、18〜20か月頃には、一語から二語へと発話語が段階的に増えていく。その後、多語発話期を迎え、3歳から4歳くらいまでには、話し言葉としての運用力を身につけていくと言われている。ろう者を除く幼児が最初に獲得するのは音声言語である。日本に生まれ育った幼児は、この時期に日本語の音韻とその発声法を身につけることになる。また、幼児は日常生活の具体的な場面や状況の中で、話し言葉がどのように使用されているか推測力を働かせながら日本語の語彙を獲得している。ある程度の語彙が獲得された段階で、まず幼児たちが発する言葉は、それ自体で実質的な意味を表す言葉、内容語であると言われる。名詞、形容詞、動詞などがこれに当たる。助詞や助動詞などの機能語の獲得はずっと後になってからである。幼児や子供たちは、必要性の高いものから少しずつ獲得していく。そして、文法体系は、まずは語彙が獲得され、その後、語彙を結びつけるようになり、次第に文法体系が構築されていくことになる。文法体系の構築には漸増性がある。

　L1による話し言葉でのコミュニケーション力を身につけた上で、その後、小学校に入学し書き言葉の指導が始まる。子供たちはまず文字を学習する。文字を学ぶことによって文の読解が可能になり、これまでの音声による情報手段が文字言語によってさらに拡大し、より多くの知識や概念を獲得していくことになる。文字による理解、すなわち読解を通して、思考力や認知力も同時に培われ、分析力、推察力など抽象的思考もできるようになっていく。この頃の子供たちは日本語能力と共に認知能力も同時に伸ばしているのである。文字の獲得は、話し言葉の獲得のように自然環境の中での習得というより、むしろ学校という学習環境に

置かれることによって、また本人の努力によって獲得されることになる。その後、文字の獲得から書記力が身につき、文が書けるようになり、やがて文章力を獲得していくことになる。このように、第一言語は一般的に「聴解力（聴く）」➡「口頭表現力（話す）」➡「読解力（読む）」➡「文章表現力（書く）」の順で獲得され、小学校を終える頃には母語による運用力がほぼ身につくことになる。

3. 第一言語習得（FLA）と第二言語習得（SLA）の違い

　言語習得論においては、成人学習者より年少、とくに子供の方が言語獲得に優れているという見解がある。第二言語習得研究においても、学習者の年齢が習得過程に影響を与えているという課題は長年議論されてきている。成人になってからL2としての外国語を学んでも、一般的には母語話者並みの流暢な言語能力の習得は難しいと言われている。この背景には、脳が10歳頃までは柔軟性を保つが、その後は脳の左半球における言語機能の一側化が起きるからだと考えられている。言語を理解したり表現したりする神経能力が次第に左半球に集中するという考え方である。この考え方に基づいて、言語習得にはある限られた最適な期間、臨界期（critical period）があるとされ、その時期を過ぎると習得が難しくなるという臨界期仮説（Critical Period Hypothesis）がある。一般的には2歳から10代はじめまでの間だとされている。第二言語習得研究でも子供の時にL2を学習し始めた学習者と、成人になってからのL2学習者には言語習得過程の違いや到達度には差異が見られるところから、臨界期の影響が議論されている。臨界期に2つの言語に触れた子供は、脳の柔軟性の一側化・特殊化が発音面に影響を及ぼすと言われており、両言語における母語話者並みの調音コントロール能力が身につくと考えられている。一方で、成人になってからのL2学習が子供のような到達

点に達しない、あるいは難しいと言われる背景には、臨界期が影響していると推測できる。ただし、言語習得は臨界期後であっても全く不可能になるわけではないので、あくまでも仮説として捉えることが大切である。また、母語で獲得した知識や言語能力は、第二言語習得に影響を与えるとされている。後述する、外国人児童生徒に対する言語指導では、第二言語習得研究におけるバイリンガリズム（2言語併用）の知見が参考になる。

　以下の表は、第一言語習得（FLA）と第二言語習得（SLA）の特徴をまとめたものである。

表3-1　第一言語習得（FLA）と第二言語習得（SLA）の特徴

	第一言語習得（FLA）	第二言語習得（SLA）
①言語習得の成功の度合い	完全習得	バリエーションが大きい
②直感	あり	バリエーションが大きい
③言語指導	なし	あり
④誤りの訂正	あまりしない	よくする
⑤情緒的要因	あまりない	大いにある
⑥インプットの量	多い	少ない
⑦アウトプットの量	多い	少ない
⑧目標	母語話者になる	第二言語の運用能力をつける
⑨発言の自由度	非常に高い	非常に低い
⑩母語	なし	あり

出典：『日本語教育への道しるべ』第2巻 凡人社（p.4）

　①FLAは、母語話者として完全習得が期待されるが、SLAは個人によって習得度に違いが見られる。②FLAは母語であるために言葉の運用において直感による判断ができるが、SLAの場合は個人差が大きい。

③FLA は、明示的な指導はなく、SLA は明示的指導がある。④FLA では、周りの人からの訂正は多くはない。SLA は教師による訂正が多い。⑤FLA の習得では情緒的要因が影響することは少ないが、SLA の習得には性格や感情、動機などが影響する。⑥⑦FLA では生活全般にインプットやアウトプットの機会が多いが、SLA では学びの機会が教室などに限られるためインプットやアウトプットの量は少ない。⑧FLA では言語習得の目標を自覚することはなく、母語話者になることが期待される。SLA は第二言語の運用力の獲得が目標となる。⑨FLA は話したいときに話し、話したくないときは話さなくてもよいという自由度があるが、SLA は学習環境下では自由度は多くはない。⑩FLA は母語の獲得の最中なので母語がないことになる。SLA は既に母語のあることが前提になる。

4. 第二言語習得における「誤り」

　L1の習得は、誰にでも備わっている普遍文法のおかげで、文法の説明や語彙の使い方などの明示的解説がなくても、L1による接触環境があり順調に発達すればほぼ完全に習得される。学習を意識しなくても自然環境で獲得することが可能である。そのために、発話や作文における文法や語彙の使用においては、正しいか正しくないかを直観で判断することができる。一方で、L2の習得は、成人の場合、習得の度合いには個人差があり、同じように指導しても、発音面で困難を感じたり、文法上の誤りを繰り返したりして学習者自身も困難を感じることは少なくない。また子供が日本語を学ぶ場合と成人が日本語を学ぶ場合とでは、私たちは言語の獲得の仕方が異なっていることを体験的に感じている。第二言語習得研究は、学習者のL2や外国語の習得に関わるあらゆる側面と関連している。本章で全ての側面を網羅することは紙面上難しいので、

ここでは、教授法と関わりの深い学習者のL2の誤用について考えてみることにする。

1950年代のオーディオ・リンガルという教授法は、誤用を可能な限り排除するための指導法として開発され実践された。第二言語習得研究の一つに、学習者の母語と学習言語であるL2をさまざまな角度から比較・検討し、相違点を明確にすることを目的とした「対照分析研究」がある。この研究では、学習者の誤りは、母語がL2を習得する際に何らかの影響を与えている「母語の干渉」や「言語転移」があるとしている。母語とL2の違いが大きいほど誤用が多く起こり、習得の困難度が大きくなると考えられた。これは、母語の知識がマイナスに働くことになるので「負の転移」と呼ばれる。例えば、韓国語話者、インドネシア語話者、タイ語話者、ベトナム語話者などで母語にない日本語の「ツ」の発音が母語の「チュ」に置き換えられてしまう例がこれに当たる。日本語母語話者が英語の「think」を「sink」と発音してしまったり、「right（右）」と「light（明かり／信号機）」のどちらも「ライト」と発音するために、"r" と "l" を聞き取れなかったり、発音できなかったりするのも、負の言語転移と考えられる。学習者の母語にない発音は区別がつきにくく、母語に近い発音に置き換えられてしまうのである。言語転移がプラスに働く場合は「正の転移」と呼ばれている。例えば、韓国語話者にとって、母語と日本語の語順が＜主語Ｓ－目的語Ｏ－述語Ｖ＞であったり、助詞の使い分けに共通点が見られたりするなど、日本語と韓国語は文法的な類似点が多いため習得の速さに影響を与えていると考えられる。また、中国語話者にとって漢字が意味の理解の助けになっているのも、正の転移として考えられる。

第二言語習得研究における対照分析は、必ずしもL2の学習困難点を明らかにするわけではない。そこで、日頃の指導から学習者の誤用を集

め、分類することによって誤りの原因を明らかにしようとする「誤用分析」も行われてきた。例えば、誤りには学習者がある文法の規則を別のところでも適用できると判断したり、無意識に適用したりしてしまうことから起こることもある。「青森のりんご」の「名詞＋の」の規則を「美味しいのりんご」と「形容詞＋の」としてしまう例は「過剰一般化／過剰般化」と言われるものである。同様に、ナ形容詞の活用（きれい＋だった）をイ形容詞にそのまま適用して「楽しいだった」とする例なども過剰一般化の例となる。また、「簡略化」による誤りも見られる。これは、複雑なルールを避けて簡単にしようとして起きる誤りである。例えば、「甘い（の）（が）好きです」のように「の」や「が」を省いてしまったり、脱落させてしまったりするものである。時制や語順などを無視するような例もある。

　学習者の誤用分析とその研究を通して、学習者の誤用は、母語が異なっている場合でも同様の誤用が見られたことから、誤用が母語からの転移だけでは説明がつかないものがあることが分かっている。また学習者の誤用に経時的な変化が観察されることから、学習者自身が独自の言語体系「中間言語（interlanguage）」を作りながら習得を進めているのではないかと考えられるようになった。この主張は中間言語仮説（interlanguage hypothesis）と呼ばれるものである。学習者の言語が、母語と目標言語のそれぞれの性質や両者の対照分析によって明らかになってくる特徴や相違などによって説明できるものばかりではないことが背景にある。

　学習者の言語的誤用には２種類ある。エラー「誤り」とミステイク「間違い」である。エラーは一貫して起こるものであり、ミステイクは不注意によるものであるために訂正や指摘をすることによって自己訂正ができるとされている。中間言語研究では、ある言語項目や規則が誤って習

得され、それがそのまま定着してしまって、訂正が難しいような誤用現象を「化石化（fossilization）」という。この化石化は成人の第二言語学習者の多くに見られる現象とされている。

5. 第二言語習得理論における仮説

本章の前半では、主に母語が確立した成人の言語学習に関わる第二言語習得論を概観してきたが、後半では、年齢に限らず、第二言語習得には、一定の予測可能な普遍的な順序があるという自然習得順序仮説（Natural Order Hypothesis）を提唱したクラッシェン（Stephen Krashen）（1982）の「インプット仮説」を中心に考察してみる。

クラッシェンは、インプットが第二言語の習得には最も重要であるとする「インプット仮説」を提唱した。彼の説では、学習者の現在の外国語能力をｉとするならば、それよりも一段高い構造（音声、語彙、形態素等）を含んでいるが理解は可能な内容、すなわち学習者自身に直接関係したり、興味があって分かる内容に接触した時に、言語の習得が起こると説明している。これは、「ｉ+1」として知られるもので、さらに、心理的に言語習得を阻害する情意フィルターをできるだけ低くすることで習得が促進されると述べている。これを「情意フィルター仮説」と言う。言語習得が促進されるためには、学習者が異文化における言語環境で抱く不安を取り除き、本来の自分らしさや母語で培った自信や自尊感情、そして学習動機を高めるような社会環境の創造が求められる。このような環境の実現には情意フィルターを可能な限り低くして言語のインプットの吸収と理解をできるだけ多く取り込めるように努力することができるかどうかにかかっていると言えよう。

言うまでもなく、日本語データによるインプットは不可欠である。特に理解可能なインプットを与え、また、一段高いレベルの内容を含んだ

ものを用意することによって学習者は言語習得を進めていくとされている。理解可能な日本語データは、言語習得に必要なフィルター、クラッシェンの言う情意フィルターをできるだけ全開に近い状態にしておく必要がある。フィルターの開閉、すなわち、言語習得に与える影響として、①学習中の外国語、②学習期間、③メタ意識の度合い、④年齢、⑤性別、⑥態度、⑦動機づけのレベル、⑧学習目標、⑨国籍、⑩教授法、⑪タスク上の必要性、⑫学習スタイル等が挙げられているが、これらの要因にも配慮することが指導者の役割になる。

6. 対話が育む言語習得：基盤となる習得理論

　最近の外国語習得理論では、学習者個人が、有意味な活動やコミュニケーション活動を行ったときに言語の習得は促進されると考えられている。それは、言語習得は学習者の既有知識や自己の価値観や興味・関心と深く関わるものであるからである。学習者個々の内面にある知識や思考を使いながら能動的に新たな知識や能力を創り上げていくものである。したがって、同じ学習内容や学習機会が与えられても、学習者全員が同じような学習過程を経て、同じような学習の成果や運用力が身につくわけではない。むしろ、学習者の多様な学習力と思考力、主体性や学びの態度を前提にして、全ての学習者が積極的に学習に参加できる環境を創出し、学習者は必要に応じて、自らが学びの機会を活動の中に見出し、自律的に学ぶことがより大切になる。このような場を創り出すことができるのが「対話」であると考える。

　「対話」では、一対一やグループによる相互作用が中心的な機能になる。「対話」は、一方的な知識の伝授や伝達だけでなく、対話する相手と作り出す双方向の協同的学習活動になる。したがって、質問されたり自問したり、相手の意見に賛成したり批判的に捉えてみたりして、必然的に

頭を使う活動になる。要するに、思考力が常に伴う活動であると言える。これが、知識や理解を深め、相互理解につながる。と同時に、相互理解を促進・実現するためには、説明したり説得したりする能力が求められるため、日本語能力が低い外国人やうまく説明できない日本人にとっては、自らのコミュニケーション力を高める機会にもなるわけである。このようなやりとりは、外国語学習においては、協同言語学習としても知られているが、教室で学習者同士がペアになったり、小グループを作ったりして、協同による活動を最大限に生かして指導しようとする手法で、グループ学習活動として構成されるものである。学習は、グループ内の学習者同士によるやりとりに基づいていて、学習者が自分自身の発話に責任を持つことによって、発話に対する動機を高め、積極的で主体的なコミュニケーションを創造することが、ねらいとして位置づけられている。そして、最も重要なことは、他者からの働きかけを受け、人と人との社会的な関係が築けることである。

外国語教授法の中には、人間学的な手法として学習者の内的側面に注目して、各自の考えや、感情、感動を人間的発達段階の重要な要素として扱っているものがある。人間学的な手法では、学習経験というものが、個人のアイデンティティの確立に役に立つものであることとして捉えられている。また、学習が将来の目標に何らかの関連を持っていることに注目している。したがって、学習はできるだけ個人的なものであることが望ましく、教室という環境の中では、学習者個人の要求に対応したものを学習課題として提供することが大切である。

7. 日本語学習の目標：自己実現を目指して

人にはさまざまな欲求がある。学習動機もその一つだろう。その欲求があってコミュニケーション活動を生み出している。その欲求とはどの

ようなものだろうか。アメリカ合衆国の心理学者マズロー（Abraham Harold Maslow）が、「人間は自己実現に向かって絶えず成長する生きものである」と仮定し、人間の欲求を５段階の階層で理論化している。「マズローの欲求段階説（Maslow's Need Hierarchy Theory）」とも称されているものであるが、人間の基本的欲求を低次から

①生理的欲求（physiological need）
②安全の欲求（safety need）
③所属と愛の欲求（social need/love and belonging）
④自尊の欲求（esteem）
⑤自己実現の欲求（self actualization）

の５段階に分類している。「生理的欲求（睡眠、食事、排泄）」から「自尊の欲求（他者から認められ尊敬されたい）」までの４階層に動機付けられた欲求を「欠乏欲求」（deficiency needs）としている。生理的欲求を除き、これらの欲求が満たされないとき、人は不安や緊張を感じるとしている。「自己実現の欲求（自己の能力・可能性の活用、創造的活動、目標達成、自己成長）」に動機付けられた欲求を「成長欲求」とし、人間は満たされない欲求があると、それを充足しようと行動すると説明している。また、欲求には優先度があり、生きるための生理的欲求がまず満たされる必要がある。生活基盤としての環境が整うと、高次の欲求である「安全の欲求（安全安心の生活を送りたい）」、そして「所属と愛の欲求（集団に属したり他者から愛されたい）」へと段階的に移行するものとしている。

　我々が外国で生活することになった場合、やはり生活基盤を整備することがまず優先される。この段階では、生きるための知識であったり、コミュニケーション活動が第１に必要となってくるわけである。例えば、外国につながる子供たちが見知らぬ国である日本の学校に編入した場

合、まずは生理的欲求を満たすための適応指導が中心に行われる。そして、学校や地域社会に慣れてきた段階になって、友達作りや学習のための欲求が生まれ、適応指導から日本語指導や教科指導が始まる。そして、最も重要なことは、自分が学校や地域社会で受け入れられていると実感できるようになること、学校や社会の一構成員として認められていると認識できるようになることである。これらのことが実現されてはじめて、自尊の欲求や自己実現の欲求が満たされ、豊かな対人関係が築けることになるのである。異国で暮らす外国人にとってその国の言語学習は、自らの欲求を満たし、人（ヒト）として人間らしく生きるための手段であると理解できる。

　日本で生まれ育った私たちは、無意識のうちに上記の欲求をさまざまな形で実現したり、実現しようとして努力したりしている。地域に暮らす外国人にとっても、日本語力が低い場合であっても、人間らしく生きるためにこのような欲求を充足させていくことが必要である。したがって、日本語教育や日本語学習の目的としても、言語的知識の獲得や言語運用力の向上という目標を超えたところの、その先にあるものを明確に掲げる必要があるのではないだろうか。

　縫部（1982）は、外国語教育の目標は、言語を通しての運用能力（communicative competence）の獲得（言語面の目標）と自己実現（情意面の目標）であるとしている。自己実現は、「人間力学」（Human Dynamics）と「価値の明確化」（Values Clarification）に分類できるとしている。人間力学が包括する領域は、基本的にはマズローの基本的欲求階層説で言う生理的、安全、所属と愛、自尊の4欲求であり、価値の獲得が自己実現の欲求に該当すると考えている。外国語教育の目的が、「認知」と「情緒」と「身体」の3機能の調和的発達であると考えるならば（縫部、1982）、多文化共生社会における日本語教育がどうあるべ

きかをコミュニケーションと日本語習得との関連性から追求することは、価値のあることである。このように考えていくと、日本語教育の根本的な目標を自ら問いただしてみるのも面白い。日本語教育は、コミュニケーションの道具としての日本語を身につけさせるという目標を超えて、日本語によって高度な思考力を体得させていく可能性があり、人間の思考活動を高めていく実現性をも秘めたものになる。文字や規則の暗記や理解を超えた、人間が本来的に保持している分析力や批判力、創造力を高める役割を担っていると考えることができる。

参照文献

岡部朗一（1996）「コミュニケーションの基礎概念」石井敏・岡部朗一・久米昭元著『異文化コミュニケーション：新・国際人への条件（改訂版）』pp.15-38、有斐閣選書

小柳かおる（2020）『第二言語習得について日本語教師が知っておくべきこと』くろしお出版

坂本正・川崎直子・石澤徹監修（2017）『日本語教育への道しるべ 第2巻 ことばのしくみを知る』凡人社

迫田久美子（2020）『改訂版　日本語教育に生かす第二言語習得研究』アルク

中島和子（1998）『バイリンガル教育の方法』アルク

縫部義憲（1982）「外国語教育と自己実現：A・マズローの欲求階層説を中心にして」『日本教科教育学会誌』、7(3)、1-10

バトラー後藤裕子（2003）『多言語社会の言語文化教育』くろしお出版

船津衛（1996）『コミュニケーション・入門：心の中からインターネットまで』有斐閣アルマ

ベーカー,コリン著、岡秀夫訳（1996）『バイリンガル教育と第二言語習得』大修館書店

ライチェン・ドミニク・S,サルガニク・ローラ・H著、立田慶裕監訳（2006）『キー・コンピテンシー——国際標準の学力をめざして』明石書店

Cummins, J., & Swain, M. (1986). *Bilingualism in Education*, New York : Longman,

Krashen, S. (1982) *Principles and practice in second language Acquisition.Oxford* : Pergamon.

Maslow, A.H. (1970) *Motivation and Personality*. New York: Harper & Row. (A.H. マズロー『人間性の心理学―モチベーションとパーソナリティ』小口忠彦（訳）、産業能率大学出版部）

4 │ 外国語教授法

伊東祐郎

《**目標＆ポイント**》 本章では、教授法の特性を整理（定義）し、その発展過程を言語学習理論および言語理論の面から概観・分析する。最近の第二言語習得理論との関連から学び、指導力の向上につなげる。

《**キーワード**》 アプローチ、メソッド、言語学習理論、言語理論

1. アプローチとメソッドとは

　外国語教授法について調べてみると、「ダイレクト・メソッド（Direct Method）」や、「オーラル・アプローチ（Oral Approach）」を代表として知られているように、「メソッド（Method）」「アプローチ（Approach）」という表現で分類されていることに気づく。文法訳読法は "Grammar Translation Method" からきているし、ナチュラル・アプローチは英語の "Natural Approach" からきている。教授法を定義するためにもまずは「メソッド」と「アプローチ」の区別から始めたい。

　Approach（以下、アプローチと称す）は、言語についての研究領域である言語学と外国語の学習や習得に関わる理論を基に、言語教育やその指導はどうあるべきかという仮説と信念に基づく原則論を拠り所としているものである。アプローチは教授法の理論的枠組みをつくるもので、言語理論および言語学習理論に基づくものになっている。言い換えれば、どのような考え方を基本にしているかに注目するときは、アプローチと

いう用語が用いられる。

　Method（以下、メソッドと称す）は実際に言語を教える際に、言語教育の目的を達成するために実際の授業をどのように行っていくかという手順を示した総合的な方法論である。言語材料を秩序立てて提示し、指導の手順や方法を具体的に示したものになる。

2. 教授法を支える言語学習理論と言語理論

　日本語指導を行う上で常に留意すべき点は、「何のための日本語教育であるか」という目的論と「どのように指導すべきか」という方法論である。さらには、目的が明確になり、指導法が確定しても、学習環境に気を配り、教材等の充実を図るなど、教育学の知見に依存することは多い。また、学習者の学習心理や学習行動、学習過程などは心理学の学問領域に関わることになる。日本語の構造や音韻、文法体系は言語学の研究領域に関することとなる。このように考えると、教授法を研究するには、教育学、心理学、言語学が複層的に関わってくることになるので、これらの視点に留意しながら本章を進めていくこととする。

2-1. 言語学習理論

　教授法の理論的枠組みの一つが言語学習理論であり、心理学、特に「行動主義心理学」「認知主義心理学」、および「人間性心理学」を応用している。

　行動主義心理学では、言語学習は習慣形成によって実現すると考えられている。学習者は、ある言語インプットを与えられ、それを刺激として受けると、それを認知し、反応する。反応が適切なものであった場合は、肯定的なフィードバックが与えられ、その反応は強化されることになる。外国語による発話は、言語インプットとしての刺激に対して反応

を学習した結果であるとされ、言語構造の獲得は、このような＜刺激＞
－＜反応＞－＜強化＞のサイクルによって表現が習慣化され、徐々に集
積されていくものであると考えられている。代表的な教授法に「オーディ
オ・リンガル・メソッド」があり、提唱者であるフリーズ（C.C.
Fries）はその教授法の基本理念を、まず音声システム、次に言語構造
を自動的に発話すなわち配列できるよう習慣化することだと主張してい
る。

　その後、言語学習を単純な表面的な言語構造の繰り返し練習で成立す
るとする考え方に対する批判が出てきた。すなわち、文型の機械的な暗
記よりも、その奥にある言語規則に気づかせることを優先すべきだとい
う主張である。言語学習は人間の認知能力を活用し、言語行為の基礎と
なる言語能力の育成を図ることが大切であるという考え方、すなわち、
人間の認知力、思考力に重点をおいた認知主義心理学が注目されるよう
になる。以下にオーズベル（D.P. Ausubel）の「有意味受容学習」理論
とブルーナー（J.S. Bruner）の「発見学習」理論がどのように言語学習
と教授法に関連しているかを考察する。

　オーズベルの理論は、「有意味受容学習」と呼ばれ、意味のある学習
内容が、学習者の既知情報（認知構造）に関連づけられたり取り入られ
たりすることによって、学習が実現するというものである。オーズベル
は、学習を、知識をそのまま記憶したり、丸暗記する機械的学習と区別
した。意味理解ができている学習であれば記憶に負担をかける割合も少
なくなり、内容学習や問題解決に応用がきくと主張している。すなわち、
新しい情報を既知の認知構造の中に、理解できたものとして統合するこ
とによって学習が成立するという考え方である。この考えに基づく教え
方では、演繹的な文法説明、理解を推進するための母語の積極的な活用、
意味のあるドリル、文字の活用など学習者の認知能力を重視して思考力

を活用させるための意味ある学習の重要性が強調されている。しかし、この方法では教師中心の授業になる傾向が強く、学習者が受身的になりやすいという指摘もある。

　ブルーナーの理論は「発見学習」として知られている。「学習者に意味を発見する能力があるのなら、この能力を活用すべきである」という考え方で、学習者の認知構造を重視している。言語学習において学習者に与えられた情報を基にして仮説を立て規則を発見することにより、有意味な学習が生じ、学習事項が新たに言語構造の一部に統合されることになるというものである。例えば、教師が日本語の仮定表現(「〜すると」「〜すれば」「〜したら」「〜するなら」)の説明をしている間に、学習者自身が、後続する文がどのような文であるかの仮説を作り、構文の規則を発見してゆくことによって、より意味のある学習が生じ、学習事項が有意味な構造の一部に組み入れられると主張するものである。もちろん、教師は学習者に対して発見学習が円滑に成立するよう言語素材を提示する必要がある。この手法は、媒介語を使用しない直接法での指導の理論的根拠となっている。認知力を活用して学習を成立させようとした点では、オーズベルと考え方が一致しているが、方法論が異なると言える。

　しかし、このような認知主義心理学の思考力重視は、学習者の知識や知的技能の教育を優先するために、思考自体が情緒的要因に左右されるという事実への考慮がほとんどなく、学習者の人格全体への視点が欠けているという批判が出てきた。

　このような批判に対して、人間は本来情緒的存在だと主張したのは、ロジャーズ(C. Rogers)である。彼はカウンセリングの来談者中心の考えを通常の授業に適用して、徹底した「学習者中心学習」のモデルを提案している。その理論的根拠は、人間性心理学にある。

　人間性心理学では、教師の学習者への新情報を教え込むという視点か

ら「学習者の学習を助ける」という教師の役割に重点をおいている。カ
ウンセラーであるロジャーズは精神療法を言語教育に応用して「学習者
中心学習」理論を展開した。人間は一人ひとり異なった自己概念と現状
認識を内に秘めており、自分自身の問題を建設的に処理する能力と意欲
を潜在的に持っているので、それを促進する環境が与えられれば自主的
に学習し、そのような学習にこそ人間的成長があると主張している。教
師の役割は従来の役割と異なり、学習者が自由に発言できる雰囲気をつ
くり、その発言を受け入れ、誉めたり励ましたり、必要に応じて適切な
アドバイスを与えることにあるとしている。

　代表的な教授法は、後述するCLL（Community Language Learning）
で、教師の役割は、あくまでも副次的である。ここで大切なことは、新
しい言語事項が学習される場合は、まず認知的な活動が行われる。その
事項が学習者に内在化される過程においては、習慣形成も必要になるだ
ろう。言語習得の過程においては、学習者の学習態度が整い、学習意欲
が高まるよう情緒面に配慮した環境の確保も必要になってくる。

2-2.　言語理論

　教授法を構成する理論的枠組みのもうひとつが言語理論であり、言語
学の理論を応用している。ここでは1950年代に始まったアメリカ構造言
語学と社会言語学を取り上げ、それらがいかに言語教育に関わっている
かを述べる。

○アメリカ構造言語学（1950年代）

　アメリカ構造言語学は、文字を持たない言語であるアメリカン・イン
ディアン語の音声を正確に記述し、その音韻体系及び文法体系を解明す
るところから始まっている。音の採取から始め、形態の整理、統語の記
述、意味の記述という手順によって解明が行われることから、構造言語

学と言われる。アメリカ構造主義言語学は、はじめに音韻論ありきで音韻論が一通り整備された段階で形態論、次に統語論と進展していく分析手法を取る。したがって、構造言語学では、言語は本来音声（speech）であり、文字（writing）ではないという考え方がある。また、言語は構造体（structure）であり音素や形態素、語などの言語要素は一定の規定されたルールで構成されているものであり、構造としてのパターン（pattern）があるとされている。この考え方の影響を受けた教授法は、外国語の学習は言語の要素である音声（音素）を身につけ、形態素を学び、形態素から語、そして句、文へと段階的に組み立てていく構造や文型を学習することであると考えている。後に紹介するオーディオ・リンガル・メソッドは、文字を媒介としないで、音声による集中的な学習が中心となっている。オーディオ・リンガル・メソッドで導入されている練習法の一つであるパターンプラクティス（pattern practice）はアメリカ構造言語学の考え方から影響を受けたものである。また構造言語学では、言語はネイティブ・スピーカーが話すものであるという考え方から、オーディオ・リンガル・メソッドのパターンプラクティスでは、初期の段階から音声の正確さや文法の正しさが期待されていて、しかも、教師の発話の速度はネイティブ・スピーカーのように自然なスピードで話すことが求められる。

○社会言語学

社会言語学は、言語の使い方について記述し、その多様性を見つけることを主な目的としている。言語は情報伝達手段だけでなく、社会的関係や場面、話題を示す指標でもある。社会言語学に基づく教授法は、具体的な文法や語彙の学習だけでなく、どの立場の人が・どの人に向かって・どの目的で・どこで言語を使用するかに焦点を当て、言語の意味と伝達能力を強調し、コミュニケーションに必要なトピックや概念も取り

入れる。教授法もまた社会言語学からの洞察を受けて変化し、実際の日本語の使用を通じて日本語のコミュニケーションスキルを向上させることを目指す。「文法的に正確であること」だけでなく、「文脈に合致していること」、さらに「意図が実際に伝わること」などを目指す。このようなアプローチに影響を受けた教育法では、言語の構造だけでなく、社会の構造も意識する必要があり、コミュニケーション重視の教授法は、どちらをより重要視するかによって異なる特徴を持つ。

　本節の議論を簡潔にまとめれば、外国語の教授法には、習慣形成や認知、情意を重視した心理学的側面と、アメリカ構造主義言語学が捉えたような規則や言語の外形を重視する側面、そして文化や社会的要因に沿ったコミュニケーションを重視する側面、の3つのフォーカスがあると言えよう。

3. 文法訳読法 (The Grammar-Translation Method)

　文法訳読法は、1840年代から今日まで、外国語教授法の主流であると言ってよいだろう。特に日本の学校における英語教育では、今日でも教科書に書かれてある英文を理解することが中心であるために、この指導法で英語が教えられている。

　文法訳読法は古典ラテン語や古典ギリシャ語を教えるときに使われていた教授法で、読み物の読解に必要な文法規則と語彙を教えることが中心となる教授法である。これらの言語は、そもそも日常生活では使う必要がほとんどなく、書物の内容を母語に翻訳して理解できれば問題なかったので、クラスでは翻訳が多く取り入れられていた。したがって、当時の外国語学習の目的は、その言語で書かれた文章を読むことであった。文章にもいろいろな種類があるが、外国語の文献と言えばやはり文学作品が中心になりやすく、外国文学の理解や、母語と構造が異なる文

字や構造を学ぶことによって言語学的教養を身につけること、また発声の異なる音素体系に慣れ親しんで外国語の発音などを学ぶことであった。19世紀後半〜20世紀前半に主にヨーロッパで現代外国語を学ぶ時にもこの教授法が応用され使われるようになった。

　筆者が中学入学当時、英語を学んだ時の学習法はまさに文法訳読法で教えられていた。語彙は単語リストが提示され、日本語訳の意味が書かれてあった。文法知識と単語の意味を理解した上で、英語による文や文章を日本語に翻訳することが学習活動の中心であった。外国語である英語の学習とは、英語の単語の暗記や文法規則を理解することであった。

　この文法訳読法では、単語や短文の発音練習はするが、会話や作文という言語活動はほとんど学習目標にはなっていない。読むことが中心で書くことも文型や構文を活用して母語から目標言語に変換するといった作文活動が中心である。語彙は対訳の語彙リストがあればそれを活用して、単語に対する意味の暗記学習が中心となる。

　授業の基本は学習者の母語を使って行われる。したがって、教師の外国語での口頭能力が十分でなかったとしても、教えられることは可能であると言える。細かいところまで文法規則を学び、翻訳を通して文法・語彙を細かくチェックするので、文法規則の理解は深まると考えられる。読み物を読むという活動以外に、スピーキングやリスニングの練習のために時間が設けられることはほとんどない。そのためか、コミュニケーション能力が身につかないことが一番の問題点だと言われている。

　繰り返しになるが、文法訳読法の授業では、最初に文法項目が提示され、文法の規則と文中での機能が示される。翻訳は、目標言語から母語、母語から目標言語の双方向で行われる。このような学習法は演繹的学習と言われ、帰納的学習と区別している。文法訳読法が文型積み上げ式と言われる所以である。日本の中学・高校の英語教育なども、現在はコミュ

ニケーションを重視するようになっているが、文法訳読法の影響も大きく受けている。

4. 直接法（The Direct Method）

　時代の変化と共に外国語研究も盛んになり、外国語に対する考え方の変化や音声言語によるコミュニケーションの必要性も高まってきた。そこで幼児が言語を習得する過程に注目し、言葉を習得するには文法やその説明は不要で、外国語に直接接することによって外国語を習得すべきだという主張のもと、教室では母語などの媒介語を使わず目標言語のみで授業を行う、すなわち「直接法」が生み出された。

　直接法では、文法規則の説明を学習者の母語で行わないので、言語使用場面や状況などの設定が求められ、教師は自身の身振りや手振りなどの動作を行ったり、具体的な語彙は、実物やそれに変わる写真やイラストなどを活用したりして意味理解を促すことになる。抽象的な語彙は、概念を連想させる表現を使用したり状況を分からせる工夫をしたりすることで導入する。文法規則は、例文を複数聞かせることによって学習者に類推させ自ら文法規則を見出し理解させることになる。このように文法訳読法と異なり、文法規則は帰納的に学ぶことになる。

　文法訳読法では重視されなかった音声言語による言語技能が、直接法では焦点化されることになる。それと同時に母語話者のように正確な発音や正しい文法を使った発話が求められることになる。したがって、直接法で教える教師が母語話者でなかった場合は、学習者の母語が理解できるかどうかよりも、母語話者のように高度で自然な口頭表現能力が求められることになる。教師は学習者の母語を使って文法規則を説明したり、語彙を翻訳したりする必要がないので、この点において、日本国内で行われている日本語指導は直接法で教えられることが多い。もちろん、

学習者の母語が分かる日本語教師の場合は、母語の説明や翻訳によって簡単に理解を促すことは可能であるが、母語が異なる学習者が一つの教室にいる場合には、やはり公正に指導する観点から母語の使用は控えることが望ましいと考えられている。授業が音声によるコミュニケーションを重視しているので、聴解力と発話能力が育成されやすいということが挙げられる。母語などの媒介語を使わないため、学習者にとって目標言語を学習開始直後から聞き、発話することになるので、目標言語に慣れるのも早いと考えられている。また、語彙や文型など文法事項の推測や推論をさせるために、教師は事前に状況の設定や例文を多く準備して授業に臨むことが求められる。

　直接法は外国語教授法の中でもメソッドとして方法論を確立し、外国語教育の新たなステージを切り拓くことになったと言ってよいだろう。

5．オーラル・アプローチ（The Oral Approach）

　オーラル・アプローチは、直接法で立証された言語習得論をさらに科学的な基盤として開発された教授法であると理解できる。オーラル・アプローチは、言語は話し言葉を基本とするという理念から、指導内容は書き言葉より話し言葉を重視している。また、必要な学習語彙は予め選択されていて語彙学習の体系化が図られている。話し言葉を理解できるというのは、構造が分かっているからであるという考え方があり、教育文法を語順、機能語、活用、内容語を骨格として指導内容が構成されている。そして、文法を指導する時の教室での中心的は活動は、口頭練習に重心が置かれている。文型の練習は事前にコントロールされ、学習者はある特定の場面で使用される文法の口頭練習を可能な限り多くすることが大切であると考えられている。オーラル・アプローチの学習理論は、行動主義的な習慣形成が基本にある。「知識や教材の受容」「反復練習に

よる記憶化」「定着までの模倣練習」という過程が基本となる文法教育は、直接法と同様に帰納的アプローチとなっている。したがって、学習者は授業中の教師の導入場面から語彙の意味や文型の構造などを推測して理解することが期待されている。言語の習得過程は、第二言語でも外国語でも、生まれた赤ちゃんが第一言語を習得していく過程と同様であるとの考えに基づいている。

6. オーディオ・リンガル・メソッド（The Audio-lingual Method）

オーディオ・リンガル・メソッドは、アメリカ構造言語学および行動主義心理学に基づく教授法である。アメリカの言語学者フリーズが提唱者でミシガン大学で外国語教育を行ったことから、ミシガン・メソッドやフリーズ・メソッドとも言われている。このようにオーディオ・リンガル・メソッドはこの二つの影響を受けて形成された教授法で、言語の構造、特に文型などの言語の「型」の習得を重視し、外国語の学習を新しい習慣の獲得と考えていることが特徴として挙げられる。

オーディオ・リンガル・メソッドは音声を重視しているために、口頭練習、とくに文型練習「パターンプラクティス」がよく取り入れられている。典型的なパターンプラクティスのいくつかを紹介しておく。

① 反復練習：学習者は教師の発話を聞いて、同じこと反復する。
　教師：「今日は　月曜日です」 ⇒ 　学習者：「今日は　月曜日です」
② 代入練習：基本文に対して、教師が言った語を学習者が入れ替えて発話する。
　基本文「今日は　月曜日です。」
　教師：「火曜日」 ⇒ 　学習者：「今日は　火曜日です」

③　変形練習：教師の発話を聞いて、学習者は指定の形に変形して発話する。

　　　教師：「行きます」　⇒　学習者：「行ってください」
　　　　　　　　　　　　　　　　（動詞のテ形の練習）
　　　教師：「先生は　私を　褒めました」
　　　　⇒　学習者：「私は　先生に　褒められました」
　　　　　　　　　　　　　　　　（動詞の受身形の練習）

④　完成練習：教師の不完全なキューを聞いて、文を完成させる。

　　　教師：「月曜日　学校　行きます」
　　　　⇒　学習者：「月曜日に　学校へ　行きます」

⑤　拡大練習：教師のキューを聞いて、正しい位置に挿入して、文を拡大していく。

　　　教師：「勉強します」　⇒　学習者：「勉強します」
　　　教師：「今晩」　　　　⇒　学習者：「今晩　勉強します」
　　　教師：「3時間」　　　 ⇒　学習者：「3時間　勉強します」

⑥　結合練習：教師が発話した2文を1文にする。

　　　教師：「安いです。買います」
　　　　⇒　学習者：「安かったら　買います」
　　　教師：「安いです。買いません」
　　　　⇒　学習者：「安くても　買いません」
　　　教師：「雨です。行きます」　⇒学習者：「雨でも　行きます」
　　　教師：「雨です。行きません」⇒学習者：「雨なら　行きません」

⑦　応答練習：教師の質問に対して、決められた答えを言う。

　　　教師：「もうご飯を食べましたか。　はい」
　　　　⇒　学習者：「はい　もう食べました」
　　　教師：「もうご飯を食べましたか。　いいえ」

　　⇒　学習者：「いいえ　まだ食べていません」

　このような反復練習を通して学習者の反応を強化し、習慣形成をすることをオーディオ・リンガル・メソッドは目的としている。また、教師のモデル発音を学習者が繰り返し、会話文を記憶するというミムメム練習（mim-mem=mimicry and memorization（真似して記憶する練習））もよく取り入れられている。それ以外には、「おじさん」と「おじいさん」のように類似した単語を提示して発音の違いを認識させるようなミニマルペア練習もオーディオ・リンガル・メソッドの練習方法の一つである。

　オーディオ・リンガル・メソッドでは、初級の段階から、発音や文法面において母語話者レベルの正確さを求めている。したがって、文法の間違いは即座に訂正される。オーディオ・リンガル・メソッドの批判としては、パターンプラクティス（文型練習）やミムメム練習をしただけでは、自発的に文を作る力や、相手に合わせてコミュニケーションする力が身につかないとも言われている。練習が機械的で単調なことが多いことから、学習者は飽きてしまうこともあり、かつ、初級の段階から、母語話者レベルの音声的・文法的正確さを求められているので、学習者の心理的負担になるとも言われている。また、日本語では、「あなたは何歳ですか」と初対面の人に聞くのは失礼にあたる表現場面も多いが、たとえ文法や語彙が正しく使えたとしても、場面や人間関係などに配慮した言語の適切さの使用を軽視していて、実践的なコミュニケーション能力が身につかないとも言われている。また、口頭練習を重視しているため、文字教育が遅れ、読解力や作文力の発達が遅れるという批判もある。このような批判はあるが、現在も初級の文法導入のときなどはオーディオ・リンガル・メソッドにあるような文型練習が使われている。

7. その他の教授法

7-1. TPR（Total Physical Response：全身反応教授法）

　幼児の言語習得の過程を基盤にしている。学習者は教師の発話内容を理解して、行動によって反応することになる。まさに幼児の初期の頃の言語学習環境にも似た状況を成人にも確保することを目的としている。まず "Walk to the door" と指示する。その後 "Walk slowly to the door" など少し複雑な指示を出して、発展的に高度化していくことになる。このように体を動かすことで、脳が活性化されるとも言われるが、指示に対する行動という生活場面には限界もあり、その他の言語活動や言語能力の向上、特に抽象的な話題や発話についてはどのように展開していくのか分かりにくく不透明であることも指摘されている。

7-2. サイレントウェイ（Silent Way）

　サイレントウェイは、ガッテーニョ（Caleb Gattegno）が提唱した教授法で、母語の習得過程に注目して開発された教授法である。1970年代に言語教育ではさまざまな教授法が提唱されたが、サイレントウェイもこの頃に盛んになった教授法の一つである。サイレントウェイでは、「サイレント」という言葉にもあるとおり、教師は極力発話せず、学習者が試行錯誤を繰り返す状況を作り、学習者が自律的に言語を学べることをねらいとしている。また、教師が訂正するのではなく、できるだけ学習者自身が訂正できるように促している。したがって、サイレントウェイの特徴は、学習者主導の教育であり、学習者が試行錯誤を繰り返しながら、自ら学んでいくことになる。協力的な雰囲気で、不安も少なく学習に取り組めることや、自分自身が、自分自身の言語を訂正していく習慣も身につけられることが特徴として挙げられている。他方で、特殊な教

材が必須であったり、明示的な説明をしないため学習進度が遅くなりがちといった問題も指摘されている。

7-3.　CLL（Community Language Learning）

　CLLは、心理学者のカラン（Charles Arthur Curran）が、心理カウンセリングの手法を取り入れて生み出した教授法で、1970年代から盛んになった。CLLでは、教師をカウンセラー（助言者）と見なし、学習者をクライアント（被助言者）と見なしている。この学習者間の話し合いは全て録音される。このCLLでは、学習者は、母語で言いたいことを言い、教師はそれを目標言語に言い換える。話し合いの後、収録データから教師が学習項目を選び解説や練習を行う。

　このように、学習者が話したいことを中心に、言い換えれば、学習者が学びたいことを中心に教育内容が決められていく構成になっている。教師と学習者は話題を共有するコミュニティを形成することになり、参加者同士がつながることによって言語習得が実現することをねらいとした教授法である。このように、CLLでは、グループでお互いに助け合って、認め合いながら、不安や緊張を感じさせないような環境で学習を進めることで、学習が促進するという考え方を基本としているので、教師と学習者や、学習者間の信頼関係構築を重視している教授法と言える。

　CLLでは、学習者の好むテーマや話題が取り上げられ、母語での発話を基に教室活動が展開されることから、生きたコミュニケーションに近いものが成立すると考えられている。したがって、CLLでは、事前に教師が指導内容や学習内容を決めておくという先行シラバスではなく、授業実施後に学習内容が明確になるという後行シラバスとなっていることが特徴的である。また、CLLでの教師の資質や能力という点では、教師は学習者の母語の運用能力が求められ、同時に高い翻訳通訳能力が

必要になる。また、話し合いの場での意見表明は、現実的な言語使用に近く、真のコミュニケーション活動の練習にもなっている。しかし、短所としては、後行シラバスであるために、学習項目を体系的に整理することが難しく、学習目標や学習内容の把握が困難になること、また「話したいこと」を学習言語に直したら学習者には難しすぎる言い方にしかならず、学習者のレベルに合った学習になりにくいことなどが指摘されている。

7-4. サジェストペディア（Suggestopedia）

　サジェストペディアは、不安やストレスを除き、人間の潜在能力を活性化させる教授法で、ブリガリアの精神医学者ロザノフ（G. Lozanov）が提唱した。ロザノフは、人間が持っている潜在能力である記憶力や創造力を増進させるために暗示が有効であると考え、学習環境づくりを重視した。そのために、クラシック音楽を流しながら、授業を進めることが特徴になっている。また、居心地のよい椅子を準備して、採光や室温にも気を配る。しかも暖色を使うなどして心地よい環境づくりによって学習効果が期待できると仮定している。学習理論の基本は暗示であるために、教師は威厳を感じさせる態度で朗読を行う。教師はイントネーションやリズム、間の取り方に注意しながら学習者に朗読を聞かせ、訳文を提示する。学習内容の定着を図るために、音読や訳文による意味の確認、会話練習などを行う。ただ、潜在意識に働きかけることと学習効果との関係については十分に明らかになっていない。

8. 内容重視の教授法（CBIとCLIL）

　1970年代後半から、外国語によるコミュニケーションの重要性が主張されるようになると、文法や語彙を中心とする言語学習そのものではな

く、コミュニケーション能力の獲得をねらいとする教授法に興味・関心が高まっていった。この内容重視の指導法としては、「内容重視の言語教育（Content-Based Instruction：CBI）」や「内容言語統合型学習（Content and Language Integrated Learning：CLIL）クリル」が知られている。従来の文法中心の伝統的な外国語教育法とは異なり、指導目標があるテーマに関する知識を獲得することにあるので、シラバスは、言語構造を中心としたものではない。目標言語で指導するイマージョン教育に見られるように、特定の分野や科目のための外国語教育という位置づけである。学習者は、教科学習を通して外国語に触れ、何が言われているのか、または書かれているのかに関心を持ち、そのメッセージの内容を理解しようと試み、それに対して自分の意見を述べる。CBIでは、授業展開する軸の一つである認知的教科言語学習法（The Cognitive Academic Language Learning Approach：CALLA）をとっていて、学習内容の理解に必要な深い思考力（「認知的学習言語能力」（Cognitive Academic Language Proficiency：CALP）の向上を意図して指導が行われる。

参照文献

奥野由紀子編著（2018）『日本語教師のためのCLIL（内容言語統合型学習）入門』凡人社

笹島茂編著（2011）『CLIL新しい発想の授業─理科や歴史を外国語で教える!?─』三修社

高見澤孟（2004）『新・はじめての日本語教育2』アスク出版

畑佐由紀子（2018）『日本語の習得を支援するカリキュラムの考え方』くろしお出版

深澤のぞみ・本田弘之編著（2021）『日本語を教えるための教授法入門』くろしお

出版

渡部良典・池田真・和泉伸一（2011）『CLIL（クリル）内容言語統合型学習 上智大学外国語教育の新たなる挑戦 第1巻 原理と方法』

リチャーズ・ジャック・C、ロジャーズ・シオドア・S著 アントニー・アルジェイミー、高見澤孟監訳 アナハイム大学出版局協力翻訳チーム訳（2007）『アプローチ＆メソッド 世界の言語 教授・指導法』東京書籍

5 | コースデザイン

伊東祐郎

《目標＆ポイント》　日本語教師が日本語指導を始める際に必要となるコースデザイン、すなわち、日本語教育の内容を体系的に配置・構成するための設計図の作成手順について学ぶ。
《キーワード》　ニーズ調査、レディネス調査、目標言語調査、シラバス

1. 日本語教育の設計図－コースデザイン

　グローバル化の進展にともなって、日本で生活する外国人の数が毎年増加している。これまでの留学生に対する日本語教育に加え、学習者の多様化によって日本語学習の必要性、学習目的、また身につける日本語能力についても多岐にわたる。日本語指導を有意味なものにするために、日本語教師は日本語指導を始めるに当たってどのような準備を行う必要があるのだろうか。日本人であれば誰でも日本語を教えられるわけでもなく、教科書があっても、必ずしも教育内容が体系的に構成された授業として成立させられるものではない。日本語教師が日本語指導を始める際には、指導と内容を体系化することが必要になってくる。そのために行う作業がコースデザインになる。

　通常、日本語教師は、日本語学校や大学等ですでに開講されている日本語プログラムや日本語コースの授業を担当することになるので、新たにコースデザインをする機会が頻繁にあるわけではない。しかしながら、

個人を対象とした個人レッスンや企業等からの委託による日本語プログラムを開講する場合には、必然的にコースデザインをすることになる。一般的なコースデザインの在り方を、今後必要となるであろう就労者に対する日本語教育プログラムのコースデザインの例を紹介しながら解説する。

　日本における外国人労働者の増加によって、日本語学習の必要性が高まっている。この必要性については、外国人自らが日本語を学ぶ必要があると実感している場合と、外国人を雇用するために、あるいは雇用している外国人に対して、雇用主が職場で必要な日本語を習得してほしいという場合がある。日本語教育の内容や方法を考える場合、日本語学習を必要としている主体が誰であるかを明確にしておくことが大切になる。いずれの場合においても、日本語教育を行うためには学習者や雇用主のニーズに応えるための教育を実施することが欠かせない。そのために、何をどのように教えるのかを具体的に考えることが「コースデザイン」の作業となる。言ってみれば、日本語教育の設計図となる。家を建てるときに描く設計図では、まずは土地の面積がどのくらいあるのか、予算はいくら用意できるのか、どのような住まい方をするのか、そのための部屋数や広さ、また材質はどうするかなど、設計図を描く前に検討しておくことは数多い。日本語教育の設計図であるコースデザインにおいても、事前の準備を十分に行った上で、設計図を描くことになる。本章では、以下の「コースデザインの流れ」に沿って、具体的な手続きについて解説を試みる。

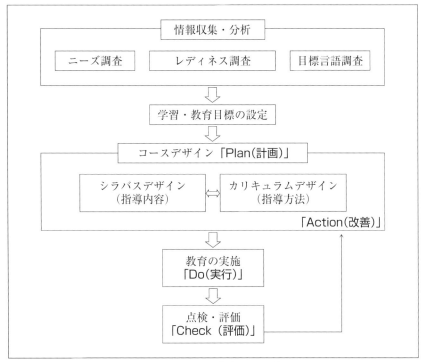

図5-1　コースデザインの流れ

　日本語教育のコースデザインを行うには、まずは事前準備を行う必要がある。これが上図の「情報収集・分析」である。その後、「学習・教育目標の設定」を行い、「コースデザイン」を行う。「コースデザイン」では「シラバスデザイン」と「カリキュラムデザイン」を行う。これらを完了させて「教育の実施」となる。実施後は、成果の検証、ならびにさらなる改善に結びつける「点検・評価」がある。コースデザインにも、一般企業で取り入れられている「PDCA」サイクルを実施することが望ましい。PDCAとは「Plan（計画）」、「Do（実行）」、「Check（評価）」、「Action

（改善）」の頭文字をとったもので、計画から改善までを一つのサイクルとして行うものである。以下、流れに沿って具体的に説明する。

● Plan：計画

　学習目標を達成するために、現実的で具体的に計画したカリキュラムデザインがこれに相当する。学習期間は決まっているので、達成までの期限の中で、教育内容の選択と配分、授業活動に導入する項目と学習活動、運用力を伸ばすためのタスクなどを選定、整理してカリキュラムを充実させることになる。レベルが高くなるほど、高い目標になるほど、学習のための副教材やそのほかの学習リソースなど、広範囲から収集し、授業活動も多様化する。

● Do：実行

　カリキュラムがデザインされ、それに基づいて教案が作成され、授業が展開される。ここで重要なのは、後で評価・分析できるようにしっかりと教案を作成しておくことである。教案は授業のシナリオになるが、それぞれの活動には意味があるので、どのような目的で行っているのか、実施した結果、予想通り展開し、学習成果を上げることができたのかどうか、教案に基づいて「振り返り」、必要に応じて「省察」し、気づいたことを記録に残しておく。特に、学習者から予想通りの反応が無かった場合や、授業中に予期していなかったような課題や問題が発生した場合には詳細に記録に残し、原因や理由を探ることが、今後の改善に結びつける糸口となる。

● Check：評価

　日本語プログラムが計画通りに進んでいるのか、目標がどの程度まで達成できているのかを評価する。計画の段階で設定した学習目標、カリキュラム、授業の進度、課題や宿題などの内容や頻度、期間中に実施したクイズやテスト等の結果を元に、客観的に判断する。もし、授業アン

ケートを学習者に実施する場合は、良かった点と悪かった点を客観的に分かるように定量数値化して分析するのも問題点や課題等を探る上で参考になる。数値から因果関係を明確にし、どのように解決すれば改善（Action）につながるのかを議論する。

●Action：改善

　目標達成を行うためにカリキュラムを再点検する。評価の段階で浮き彫りにされた反省点に基づいて、良かったところは継続的に行い、悪かったところはどのように改善するべきかを考える。次期プログラムのさらなる質の向上を図るために、新たなコースデザインそしてカリキュラムデザイン（Plan）につなげていく。

1-1. ニーズ調査（とその分析）

○対学習者（就労者）

　日本語学習の動機や目的を把握するために行う調査である。外国人労働者の場合、職種や職場が多様であるために、学習目的もさまざまであることが考えられる。職場では母語が通じる仲間ばかりで日本語を使う必要が全くない者がいる一方で、上司が日本人で日本語が分からないと仕事にならないという者もいる。前者の場合は、日常生活に必要な日本語を学びたいという希望が多く、後者の場合は、職場での専門用語を学びたいという要望が出されることもある。このように事前に調査しておくことはコースデザインを意味のあるものにするためにも不可欠となる。ニーズ調査では、「学習動機」や「学習目的」などの情報を収集しておく。

○対職場関係者（雇用主）

　雇用主が従業員に対して日本語教育を実施しようとする場合は、雇用主の教育の目的を確認しておく。従来のニーズ調査は、学習者のそれが

中心であったが、雇用主が職場での日本語環境を充実させるために、採用前、あるいは採用後に日本語教育を実施することがある。その場合のニーズ調査は、雇用主に対して職場における職務分析を行って、どのような日本語力を外国人労働者に身につけてもらいたいのかを事前に把握する調査になる。

1-2. レディネス調査

　レディネス調査は、学習者に関わる情報の収集を目的に行われる。レディネス調査では、学習者の「日本語学習歴」や現段階における「日本語能力」、またこれからの日本語学習に際して必要になる、「学習環境」などについての情報収集となる。そして就労者に対する日本語教育でさらに重要なことは「実務経験・職歴」が挙げられる。

○日本語学習歴

　日本語学習歴の有無は、日本語学習に対する姿勢や態度に影響を与える。多少なりとも日本語学習歴のある者は、平仮名や片仮名、漢字などについての理解力があると思われるので、学習を開始するに当たっての抵抗感も少なく円滑に進められると推測できる。また、過去に使用した教科書名が分かれば、学習内容をある程度推測することも可能になる。しかしながら、日本語学習未経験者にとっては、全てが初めてになるので、戸惑いなどがあり本格的な学習が始まるまでの助走期間が必要になるかもしれない。

○日本語能力

　日本語能力に関しては、学習者の中に、過去に日本語能力試験（JLPT）を受けて合格した者がいるかもしれない。レディネス調査で学習者の日本語能力について多少の情報があると、学習者とのコミュニケーションもとりやすくなる。

○学習環境

　学習環境については、学習者の学習可能時間や使用可能な学習機器について調べる。特に毎日の勤務後に学習時間が捻出できる状況や環境にあるのか否かを調べることは、宿題の出し方の参考になる。職種によっては、早朝勤務あるいは深夜勤務などがあって、学習時間が定時に確保できるかどうか分からない。宿題をやる時間は、授業の直前という学習者もいるかもしれない。また、学習者の通信環境について知っておくことも重要になる。最近の学習材のデジタル化によって、インターネットにアクセスできるかどうかが宿題の内容や出し方に影響を与える。学習者の多くがスマホを所持していることが一般的になりつつあるが、ICT（Information and Communication Technology＝情報通信技術）を活用した授業を考える場合は、事前にレディネス調査において、通信環境や通信機器の現状について把握しておくことが大切になる。

○実務経験・職歴

　実務経験・職歴については、すでに実務経験があり、職歴がある程度ある場合は、職務内容に精通していると考えられるため、日本語指導も、語彙や表現の学習に特化した内容で構成することが可能になる。他方で、職務経験が全くない場合は、実務も学習しながら日本語も学ぶという形式にする必要がある。

　なお雇用主が日本語教室を開講するような場合には、レディネス調査としては、勤務時間内に学習時間を確保する用意があるか否かを調査したり、学習場所を職場内に設けるか、労働者の自宅での学習にするかなど明らかにしておかなければならない。また、労働者の日本語力に大きな差がなくて、一クラスで日本語教室を開講できる場合は問題とならないが、既習者と未習者が混在し、日本語力に幅がありすぎて、複数の異なる日本語レベルのクラスを開講しなければならない場合は、それらの

教室の確保や教師の手配が可能かどうかの確認も必要となる。

　これらのニーズ調査やレディネス調査は、一般的には日本語教師が行うことになるので、調査担当者は、企業や雇用主の置かれた状況や条件を十分に理解した上で、臨機応変に対応する。

1-3. 目標言語調査（＝職務分析）⇒学習目標／到達目標の設定

　ニーズ調査やレディネス調査の結果を踏まえ、目標言語調査を行う。就労者に対する日本語指導では、職務上で必要になる言語使用実態を把握するために職務分析を行う。その上で学習目標及び到達目標を検討することになる。

　目標言語調査は、以下の三つの観点から検討する。これらは学習ニーズに応じて変わるものなので、必要に応じて柔軟に対応する必要がある。

①生活における日本語：これはどんな職種に就こうが日本で生活を送る上で、誰にとっても共通で必要な日本語になる。話し言葉を中心とした挨拶や、日常の買い物、お出かけ、情報収集のための日本語などになる。場合によっては、生活している地域社会でのルール、例えばゴミの出し方などの生活に関わる情報も含まれる。

②仕事における日本語：職種によっても異なるが、職場での話し言葉による指示や合図、依頼、報告、連絡、相談などの日本語。また、社外の人物との交渉、取り決めなど、話し言葉と共に書き言葉による日本語などさまざまな状況や場面を想定した日本語となる。

③試験のための日本語：日本語能力試験（JLPT）を目指している労働者にとっては、希望する水準の試験に合格することが目標になる。また、介護・看護等に従事する外国人労働者にとっては、日本の国家試験に合格する必要があるため、そのための勉強が目標になるだろう。

　上記①と②の目標言語調査の実態については、日本語運用能力を具体的に明示した言語能力記述文（Can-do statements）として明示すると、具体的な日本語学習内容と達成目標が学習者のみならず、第三者にも理解してもらえるので、学習の透明性という観点からも留意しておきたい事項である。当然のことながら、就労者に対する日本語教育については、職種が多様であること、同じ職種であっても、部署や業務によって求められる知識や能力、技能等が異なることから、該当する職種に精通していない者、特に日本語教師が目標設定を行う際には、職業情報を共通に理解するための「職務分析」は欠かせない。

1-4.　職務分析の概要

　では「職務分析」とはどのような作業だろうか。一般的には、「特定の職務について、＜観察＞と＜面接＞により、職務に含まれている仕事の内容と責任（職務の作業内容）、職務を実施するにあたって要求される能力（職務遂行要件）を調査・分析して、その結果を一定の様式に記述する作業」とされている。世間では人事評価などの目的で行われているが、日本語教育の目標設定を行う場合には、この作業に加え、「日本語使用場面」「日本語使用目的」ならびに「日本語運用能力」を特定する。これらの分析を総合的に把握した上で、日本語プログラムのコースデザイン、特に目標設定をCan-do statementとして「～できる」という形式で明確に記述する。すなわち、学習者である外国人就労者が、学習終了後には日本語でどんなことができるようになっているのかを把握できるように示すことになる。学習者が日本語学習の最終段階、最終目的をどのようなイメージで捉えることになるか、この視点で具現化して示すことが重要になる。

　職務分析の方法は、勤務中の職務執行者（外国人労働者）を＜観察＞

し、その本人並びにその職務に詳しい関係者に＜面接＞して、一定のフレームに従って記述することになる。記述は、次の「5W1H＋S」のフレームによって行う。

①何を（What）：作業者は何をしているか。

②なぜ（Why）：作業者は何のために行っているか。

③誰が（Who）：作業者は誰か。

④何処で（Where）：作業者はどこで行っているか。

⑤いつ（When）：作業はいつ、どんな時に行っているのか。（時間配分、勤務時間、1日、1週、1か月など）

⑥いかに（How）：作業者はどのようなやり方をしているのか。

⑦技能度（Skill）：作業者の仕事はどのような難易度なのか。

　目標を設定する際に、職務分析を行うことが難しい場合は、既存の資料や文献、あるいはその分野の日本語教科書を参考に目標設定する。就労者に対する日本語教育は、扱う内容や指導の方法がある特定の分野に特化されるという点や、ある明確な目的のために教育内容が特化された日本語教育である等の点で、「目的別日本語（JSP：Japanese for a Specific Purpose）」として位置づけることもできる。

2. 学習・教育目標の設定

　以下に【到達目標】として想定できるものを例示として挙げてみる。

表5-1　到達目標

口頭スキル	入社時のビジネスシーンや就活場面において、対面（指示受け・報告・打ち合わせ・来客対応など）や電話でのやりとりが適切にできる
書記スキル	書く：場面・状況を考慮し、目的に応じたメールや定型的なビジネス文書が書ける
	読む：観点を設定して新聞・雑誌などのビジネス記事が読める

待遇表現	敬語を含む待遇表現のシステムがわかり、場面に応じた表現を重大な間違いなく使える
ビジネス用語	ビジネス特有の語彙や表現を増やす
ビジネスマナー	ビジネスマナーとその前提がわかり、基本が実践できる
日本ビジネス	日本のビジネス文化の特徴を知る
BJT対応	BJT試験の傾向を知り、出題形式に慣れる
聴解	一般的な話題のニュースを聞き、事実関係の概要が把握できる

出典：「実践ビジネス日本語コース／ビジネス日本語科目」の到達目標（2013年度コミュニカ学院の広報用資料）

　言語能力記述文（Can-do statements）として明示されていることに注目したい。

3.　シラバスデザイン

　コースデザインの事前作業として行った情報収集から得られた情報を基に学習目標が明確になる。次の段階は、学習目標を達成するためには何を指導すべきかという指導の内容を検討する段階になる。これをシラバスデザインと言う。日本語指導項目は多岐にわたるが、学習目標を踏まえて指導内容を実のあるものにまとめ上げていかなければならない。そこで必要になってくるものはシラバスである。シラバスとは「学習（教授）項目一覧」で、学習（教授）すべき内容を整理して示したものである。シラバスは何を重視して指導するか、またどのような日本語能力観で指導するかによって「構造シラバス」「機能シラバス」「場面シラバス」「語彙シラバス」「話題シラバス」など複数のシラバスが存在する。そのために、シラバスデザインでは、学習目標を達成するために、どのような学習項目を重点に、また焦点化するかによってシラバスの取り上げ方も異なってくる。学習（教授）項目を選び出し配列する作業の中で、一

つのシラバスのみを取り上げることはなく、複数のシラバスを組み合わせてバランスよくデザインすることになる。以下に主なシラバスの概要を紹介する。

3-1. 構造（文法／文型）シラバス

　このシラバスは、学ぶべき文法構造の総体を一覧表にしたものである。日本語学習者が学ぶべき構造を、最初は易しい項目から徐々に複雑なものへと配列したものである。このような特徴があるため、文型積み上げ式シラバスと呼ばれることもある。

　文法として教えられる項目は、文を構成する規則、文と文を結合する規則、文と文をまとまりのあるものにする規則など、学習者にとっては複雑で複層的な知識の集合体になる。まずは易しい文型として「名詞（Noun）文」「形容詞（Adjective）文」「動詞（Verb）文」が導入される。初級教科書の導入期の文法として「Nです」「Aです」「Vます」で明示されている文型がそれらに相当する。これらは日本語文型の骨格となるものである。ここを起点として、文型の「否定形」が配され、その後は「過去形」が続く。徐々に文法規則を積み重ねながら学んでいくことになる。以下に主な項目を挙げておく。

○助詞に関するもの　○修飾に関するもの　○否定形に関するもの　○活用に関するもの　○語順に関するもの　○接尾辞に関するもの　○補助動詞に関するもの　○文（単文・複文）に関するもの　○ヴォイスに関するもの　○アスペクトに関するもの　○テンスに関するもの　○名詞に関するもの　○形容詞に関するもの　○動詞に関するもの　○その他

3-2.　機能シラバス

　機能シラバスは、言語による実際のコミュニケーションの目的や働き
に焦点を当てて配列したものである。日常生活でコミュニケーションを
する際には目的がある。例えば、友人への依頼、友人を招待、友人の依
頼を断る、友人に感謝する、などである。機能シラバスは、このような
目的、ここでは言語の機能として扱うが、これらを一覧にして、それぞ
れに対応した表現を配列したものである。人に何かを依頼するとき、ど
んな表現を用いるだろうか。「〜していただけませんか」「〜してくださ
い」などがある。人に許可を与える場合は、「〜してもいいです」、禁止
する場合は「〜してはいけません」など機能に対して相応しい表現があ
る。このように、実際のコミュニケーションの中で言語が果たす機能を
一覧にして、学ぶべき表現を明記したものが機能シラバスである。構造
シラバスと違って、機能シラバスは言語構造や形式について易しいもの
から難しいものといった順序性がないことが特徴である。むしろ言語使
用としての目的に焦点をあてているので機能は多岐にわたる。以下に主
な機能を挙げておく。

○事実を言う　○様子を述べる　○感謝する　○お礼する　○希望
を述べる　○要求する　○依頼する　○謝罪する　○お詫びする
○断る　○理由を述べる　○解説する　○指示する　○説明する
○意見を述べる　○コメントする　○主張する　○招待する　○祝
福する　○見舞う　○その他

3-3.　場面シラバス

　場面シラバスは、文字通り、コミュニケーションを行う場面を抽出し
て配列したものである。実際のコミュニケーションはんどんなところで行

われているのだろうか。職場、学校、家を中心に、生活場面を考えてみると、事務所、工場、スーパー、本屋、郵便局、銀行、図書館、映画館、レストラン、市役所、など数多くの場面が挙げられる。例えば、レストランという場面ではどのような言語活動を行っているのだろうか。人数を知らせる、食べ物を注文する、食べ物の数を知らせる、代金を支払う、などの行為がある。それぞれの場面においてどのような表現が必要になるかを配列したものが場面シラバスになる。場面シラバスでは、それぞれの場面における状況が学習者にとっては身近で分かりやすいために、言語を使用する目的もはっきりしているので、表現をそのまま学習すればすぐに活用できるという利点がある。すぐに使える日本語を学習するには、学習者の必要性に応じて場面を特定して、表現を学ばせることができる場面シラバスは一つの利点となる。一方で、場面が異なると学んだ表現が使えないという欠点もある。

3-4. 語彙シラバス

　語彙シラバスとは、日本語学習において必要な語彙を体系的に配列したものである。一般的には頻度の多い順に配列する。また、組織的に配列する場合は、初級、中級、上級という日本語能力のレベルの順に、難易度、頻度、重要度を考慮して配列するものもある。例えば、看護職・介護職に従事しようとする外国人就労者の日本語学習支援のために、学習語彙データベースが作られている。外国人看護師・介護職従事者が病院・施設で就労する場合に、同僚、上司、患者、利用者らとのコミュニケーションを円滑に進めるために必要な日常的日本語表現と、基礎的な専門分野の表現を含む学習語彙データベースで構成されたものである。就労者の日本語の習得が効率よく進むように順序よく配列され、体系的に提示されることが大切になる。このように考えると、アプローチ別語

彙シラバス論（山内 2016）で提示されているような、「初級総合教科書から見た語彙シラバス」「話題から見た語彙シラバス」「コーパス出現頻度から見た語彙シラバス」「語彙密度から見た語彙シラバス」「日本語学習者から見た語彙シラバス」が参考になる。ニーズ別語彙シラバス論では「理工系留学生のための文字・語彙シラバス」「日本語教育専攻大学院留学生のための語彙シラバス」「子どもを持つ外国人のための語彙シラバス」「就労者のための語彙シラバス」「外国人看護師のための語彙シラバス」といったものが活用できる。

3-5. 話題シラバス

　話題シラバスは、別名トピック・シラバスとも呼ばれる。指導内容が、さまざまな話題、トピックから構成され配列されたシラバスである。就労者であれば「勤務時間について」「残業について」「休暇について」などがあり、これらの話題を取り上げて、ロールプレイ、ディスカッションやディベイト、またプレゼンテーションなどを行うことができる。生活者を対象としたものとしては、「家族について」「食文化について」「学校制度について」などが考えられる。また、話題シラバスの特徴として、構造シラバスや、機能シラバスのような、特に文型の習熟度に合わせて話題を取り上げることが難しい点が挙げられる。話題そのものが学習者にとって身近であっても、文法能力や語彙力が不足しているために、話題に関する話し合いに参加できない状況が起きることも想定される。

4. まとめ

　日本で働く外国人労働者に対する日本語教育も多様であることが分かる。職種、就労目的、就労期間、就労（在留）資格、そして出身国や母語、文化など外国人の属性もさまざまである。約30年前、ビジネス・パー

ソンに対する日本語教育が活発に行われていた。当時、外資系企業が日本に進出し、日本に派遣された会社員に対する日本語教育が主だった。数年間の任務を終えて帰国する労働者だったので、明らかに現在のような長期にわたって日本に滞在する外国人労働者とは、在留資格等の点でも異なっている。1990年の入管法の改正に伴って、就労を目的で来日する外国人が急増したが、今私たちが日本語指導の対象としているのは、1990年代以降に日本にやってきた外国人労働者、また国際化の進展によって国際結婚をして日本に住むことになった外国人配偶者やその家族など、まさに文化庁文化審議会で議論されている「生活者としての外国人」に対する日本語指導で、その内容と方法についての議論が始まったばかりという段階にある。

　本章では、日本語教育の設計図であるコースデザインについて概説してきた。この後の作業としてカリキュラムデザインが求められるが、次章で解説を試みる。

参照文献

今井新悟（2018）『いちばんやさしい日本語教育入門』　アスク出版（2018）
坂本正・川崎直子・石澤徹（2017）『日本語教育への道しるべ　第3巻　ことばの教え方を知る』凡人社
畑佐由紀子（2018）『日本語の習得を支援するカリキュラムの考え方』くろしお出版
森篤嗣編著（2019）『超基礎・日本語教育』くろしお出版（2019）
山内博之監修（2016）『ニーズを踏まえた語彙シラバス』くろしお出版
山田智久・伊藤秀明（2021）『オンライン授業を考える　日本語教師のためのICTリテラシー』くろしお出版

6 | カリキュラムデザイン

伊東祐郎

《**目標＆ポイント**》 教育目標を実現するためのカリキュラム（学習者に与えられる学習機会の総体）の組み方を理解し、体系的に教育課程を編成・組織化できる力を獲得する。
《**キーワード**》 教育目標、学習期間、学習時間、担当教師、教育方法、評価

---

1. カリキュラムデザインとは

　日本語教育を実施する前のコースデザインは、日本語プログラムやコースの設計図のようなものであることを述べた。この章では、コースデザインで決定した教育の設計図ができあがった後に行う、カリキュラムデザインについて概説する。

　カリキュラムは、教育課程とも言われるが、具体的な教育の実行プラン、すなわちスケジュールを組み立てることになる。本章においては、就労者並びに生活者としての外国人のための日本語教育を行う上でのカリキュラムデザインについて解説することにする。そのために、以下の事項について検討する。

①**教育目標及び学習目標**（学習者に身につけてほしい日本語能力あるいは目標レベルの明確化）
　学習者にも共有できるように具体的に明示することが必要で、その方

法としては、Can-do（〜できる）で示すことが大切になる。その際に、技能別に検討することも教育目標の全体像を把握する上で重要になる。職種によっては、口頭表現能力を重視し、読んだり書いたりすることを必要としない場合もある。また一方で、報告書などの書類の作成が求められる指導では、文章表現能力について分かりやすく記述しておかなければならない。あくまでも、就労者である学習者や雇用主の期待する日本語能力の視点から記述する。

②**学習期間及び学習時間数・時間配分**（全体の教育期間の特定と、週あたりの授業日数、一日あたりの授業時間数）

　まず、全体の学習期間を確定する。できれば週単位、月単位で期間を設定すると分かりやすくなる。その上で、週あたりの授業日数を検討する。その後、一日あたりの授業時間を確定する。その際に日本語プログラムを勤務時間内に開講可能なのか、あるいは就労後または休日に開講するかなど、全体の要件や出席しやすい時間帯を考慮して決定する。外国人労働者からの要望で日本語プログラムが立ち上がる場合は、彼らからの要望を聞くことが大切になる。また、雇用主からの要望で立ち上げる場合は、勤務時間や就労条件などを勘案しながら決定する。

③**担当教師とその人数**

　受講者数や開講日数、またクラス数にもよるが、複数の日本語教師が担当する場合には、授業担当日や授業内容の分担についても検討しておく。同一クラスを複数の日本語教師が担当する形態をティーム・ティーチング（TT）と言うが、授業の進行や学習者の様子などの情報を共有したり、授業の流れを調整したりするための引き継ぎなどが発生するため、相互の連絡方法についても決めておくと、円滑な連携・連絡体制が整う。

④教育内容（教科書などの主教材や関連する副教材の選定、活用する教
具や備品、教育機器の特定）

　教育内容は教育目標を達成するために検討されたものでなければなら
ない。常に教育目標を意識しながら内容を決定していくことになる。ま
ず、主教材としての教科書を選定する。就労者に対する日本語の教科書
は、職種が多様であるので教育目標に合致した市販の教科書選びは難し
いことが予想される。広く一般に普及している教科書であっても、取り
上げられている場面や導入されている語彙や文型が、必ずしも学習者の
ニーズや職場で必要なものであるとは限らない。したがって、数多く存
在する教科書を幅広く分析・検討し、最も教育目標を反映した内容から
構成される教科書を選ぶ。その際に、各種シラバスの観点を考慮しなが
ら、それぞれの教科書がどのような理念のもとにどのようなシラバスで
構成されているかを考えながら検討する。

　副教材については、どの教科書を選定するかにもよるが、主教材であ
る教科書をさらに有効に活用するためにさまざまなものが用意されてい
る。母語別の文法解説書であったりなど、ドリルブック（練習帳）であっ
たり、最近の副教材は、音声をCDに収録したものや、コンピュータで
学習できるようCD-ROMが用意されていたりなど、多様化している。
また、教科書購入者にはインターネットを介して絵教材や音声教材、ま
たeラーニング教材が入手できるような仕組みになっているものもあ
る。いろいろな観点から検討する。

　教具や備品、教育機器は教育内容の一部を構成することになるので事
前に検討しておく。教育プログラムを実施する教室には、白板やプロジェ
クター、PCが常備されているか、またWiFi環境が確保されているか否
かが教育内容と指導法に影響を与えることになるからである。また、机
や椅子の種類についても事前に把握できていると、教育方法や学習活動

を考える上で役に立つ。

⑤教育方法及び教育形態

　教材教具も準備でき、いよいよどのように教えるかを検討する段階である。最終のゴールである学習目標は明確に定まっているので、目標達成のために、また目標に到達できるよう教育方法と教育形態を検討する。

　教育方法は、教師が教育目標を達成するために使用する方法で、具体的には、「講義」、「ディスカッション」、「グループワーク」、「プロジェクトベースの学習」、「問題解決」、「ロールプレイ」などである。教育方法は、教師が学生に対して指導したり伝えたりする方法や、学生が学ぶ方法である。教育方法も、教師が中心になって進行する教師主導型から、学習者が主体的に学ぶ学習者中心の授業まで幅広い。教師の役割も多様化し、常に学習者が意欲的に取り組めるような方法と、結果として必要な日本語運用力が身につけられるような工夫が求められている。一方、教育形態とは、教育の組織や構造、実施方法のことで、「学校教育」、「遠隔教育」、「個別指導」、「オンライン教育」、「実地教育」、「職業訓練」など、教育の実際の形式や配置を指す。教育形態では、教育がどのように組織され、提供されるか、教師と学生の関係、学習環境などの側面に焦点が当てられる。「教育方法」と「教育形態」をうまく組み合わせて日本語コースを仕上げていくことになる。

　教育は教師と学習者の双方がいて成り立つものであることから、学習方法の好み、例えば分析型学習者で細かいことに興味関心を抱く学習者であるのか、総合型で、細かいことよりも全体に興味関心を持つ者であるかなど「学習スタイル」にも考慮する。また視覚型学習者は目で認識して学習することを好み、聴覚型は耳から情報を取り入れるなど、学習スタイルによって学び方にも多様性があることを認識して、教育方法を

柔軟に検討する。

⑥評価方法

　カリキュラムデザインにおいて、忘れないで検討しておくべきことに、学習者の学習成果をどのように評価するかという評価方法がある。日本語プログラムやコース全体を見渡し、どの段階でどのような評価を行うかを検討しておく。

　授業開始前に行うクラス配置テスト（プレイスメント・テスト）がある。目的は日本語力の診断になるので、「診断的評価」と呼ばれている。学習者が過去に日本語を学んだことがない場合、すなわち未習者の場合はこのテストは不要であるが、過去に何らかの形で多少なりとも日本語を学んだことのある学習者（既習者）に対しては診断的評価が欠かせない。これによって学習者の能力レベルに合ったクラスを設定したり、学習者を既存のクラスに配置したりできる。カリキュラムデザインにおいて、クラス配置テストを作成しておくことは重要な仕事になる。

　授業開始後にどのようなテストを何回実施するかを検討する。一般的には中間テストを行う。学習者の日本語習得の状況を把握し、目標達成のために順調に学習しているかどうかを確認するテストである。目的は「形成的評価」で、中間テストの結果から学習者はこれまでの学習方法を振り返り、見直しを行って改善につなげられる。日本語教師にとっては、授業での指導方法や進行速度の適切性などを確認できる。大多数の学習者が問題なく授業についていけているようであれば特段の調整等は不要であるが、学習困難に陥っている学習者に対しては、助言を行ったり指導方法を見直したりする。形成的評価から、学習者と日本語教師の双方にとって有益な情報を得ることができるので、テスト作成の際には指導した内容を注意深く慎重に検討して作問することになる。

　さらには、コースやプログラムの最終段階で行うテストがある。修了テストあるいは期末テストと呼んでいるが、目的は「総括的評価」である。コースの学習目標や教育目標を達成したかどうかを判定することが主目的になるテストで、学習の全体を総合的に判断することになる。テスト問題は、学習項目から偏り無く出題することが重要で、テスト結果の解釈が適切に行えるよう慎重にテストを作成する。

2. 実践例：文化庁「生活者としての外国人に対する日本語教育の標準的なカリキュラム案」

　実際のカリキュラムデザインについて、文化庁が取り組んでいる「生活者としての外国人」に対する日本語指導の例を紹介しながら解説を試みる。

　誰もが持っている「生活」という側面に着目して、日本で生活を営む全ての外国人を対象とした「カリキュラム案」である。ここで「…案」と名付けられた理由は、「カリキュラム」と断定してしまうと固定的なものになってしまう危険性があるからである。日本語指導をすることになった当事者や日本語を学ぼうとする学習者の状況やニーズに合わせて柔軟なカリキュラムデザインをしてもらうことを期待し、カリキュラムをデザインするためのガイドラインあるいは手引き書という視点を持たせるために「カリキュラム案」という名称がつけられた。ここで紹介する「カリキュラム案」を参考にしながら、実際のカリキュラムデザインの在り方を学んでほしい。

　文化庁では「生活者としての外国人」に対する日本語教育の内容等については、以下の5点の冊子を開発している。

●『「生活者としての外国人」に対する日本語教育の標準的なカリキュラム案について』（2010）（以下「カリキュラム案」）

- ●『「生活者としての外国人」に対する日本語教育の標準的なカリキュラム案活用のためのガイドブック』（2011）（以下「ガイドブック」）
- ●『「生活者としての外国人」に対する日本語教育の標準的なカリキュラム案 教材例集』（2012）（以下「教材例集」）
- ●『「生活者としての外国人」に対する日本語教育における日本語能力評価について』（2012）
- ●『「生活者としての外国人」に対する日本語教育における指導力評価について』（2013）

　上記の冊子を一部紹介しながら、手順について解説する。なお、詳細については、実物を参照されたい（<https://www.bunka.go.jp/seisaku/kokugo_nihongo/kyoiku/nihongo_curriculum/> を参照）。

2-1.「生活者としての外国人」に対する日本語教育
　生活者としての外国人には、生活場面と密着したコミュニケーション活動を可能とする日本語能力が必要になる。そこで、生活者としての外国人に対する日本語教育の目的と目標を以下のように掲げている。
①**目的**
　言語・文化の相互尊重を前提としながら、「生活者としての外国人」が日本語で意思疎通を図り生活できるようになること
②**目標**
　　○ 日本語を使って、健康かつ安全に生活を送ることができるようにすること
　　○ 日本語を使って、自立した生活を送ることができるようにすること
　　○ 日本語を使って、相互理解を図り、社会の一員として生活を送ることができるようにすること

○ 日本語を使って、文化的な生活を送ることができるようにすること

　カリキュラム案は、「生活者としての外国人」が日本で暮らす上で最低限必要とされる生活上の行為を日本語で行えるようにデザインされている。したがって、このカリキュラム案は、前章で紹介したシラバスデザインの段階で検討した「学習内容」の総体である。学習者が日本語で行うことが期待される生活上の行為の事例が配列されている。配列された個々の生活上の行為の事例に対応する学習項目と社会・文化的情報も記述されている。想定される学習時間と学習順序の解説があるので、具体的なカリキュラムとして仕上げる際の参考になる。なお、生活上の行為一覧については、コースデザインの章で述べた、日本人・外国人を対象に言語使用実態調査のデータに基づいて取りまとめられている。

2-2. カリキュラム案からカリキュラムへ

　カリキュラムを作成する前に必要なことは前章でも述べた「コースデザイン」である。以下の図6-1は、生活者としての外国人に対する日本語教育のコースデザインの全体像を示したものである。図の「1. 域内の外国人の状況・ニーズ、地域のリソース等の把握」はコースデザインにおける情報収集の段階である。「2. 日本語教室の目的や設置場所等について検討」は、情報収集から得られたデータを基に日本語プログラムやコースの目的や目標を明らかにする段階である。そしていよいよ「3. 具体的な日本語教育プログラムの作成」は、具体的な日本語プログラムの作成であり、言い換えれば「カリキュラムデザイン」に相当するところである。以降は、「3. 具体的な日本語教育プログラムの作成」の内容について、点線の囲み部分の（1）から（5）の順で概観してみる。

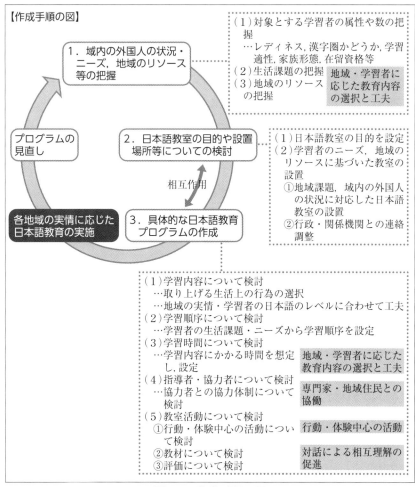

図6-1　作業手順の図

出典：『「生活者としての外国人」に対する日本語教育の標準的なカリキュラム案 教
　　　材例集』文化庁（p.3）

（1）学習内容についての検討

　生活上の行為の事例に対応する学習項目の要素については、「やり取りの例」、「機能」、「文法」、「語彙」、「4技能（話す、聞く、読む、書く）」の観点からまとめられている（次ページの表を参照）。「やり取りの例」は、場面（ここでは買物）で交される典型的なコミュニケーションが例示されている。「機能」は、「やり取りの例」におけるそれぞれの発話の目的・機能が記述されている。「文法」は、「やり取りの例」に現れる文法・文型のうち、基礎的なものが記述されている。「語彙」は「やり取りの例」に現れる語・表現が全て取り上げられている。「4技能」は、やり取りにおいて必要とされる技能（話す、聞く、読む、書く）のうち、該当するものが示されている。生活上の行為が行えるようになるということは、その生活上の行為が行われる場面に関係する言語・社会・文化的な知識を使って行動できるようになるということである。カリキュラムを編成する際には、日本語教育の内容について検討し、ある場面で行われる典型的な言語・非言語行動と文化的規範を前提とすることになる。その一方で、日本社会における日常生活の規範を学ぶことが学習者に対する規範の押し付けとならないような配慮も必要となる。指導者と学習者の間で互いの文化に対する理解が深まるよう対話を盛り込んだ教室活動が行えるよう工夫する。

表6-1　生活上の行為の事例に対応する学習項目の要素

やり取りの例	機能	文法	語彙	4技能 話す	聞く	読む	書く
Ｂ１：○○は△△で売っています。	情報提供	指示詞　どこ（疑問）（場所）	どこ				
		格助詞　で（場所）	売る				
Ａ２：○○はどんな店で売っていますか。	情報要求	動詞テ形＋いる	ある				
Ｂ２：○○は△△で売っています。	情報提供	終助詞　か（疑問）					
		指示詞　どんな（疑問）（種類）					
Ａ３：○○の店はどこにありますか。	情報要求	格助詞　に（場所）					
Ｂ３：○○は△△で売っています。	情報提供	ある（存在）					
Ｂ１：いらっしゃいませ。	関係作り・儀礼（あいさつ）	指示詞　これ（眼前指示）	いらっしゃいませ				
Ａ１：これ，ください。	単独行為要求（依頼）	はい（返答）	これ				
Ｂ１：はい。	注目表示（承認）		ください				
Ｂ２：いらっしゃいませ。	関係作り・儀礼（あいさつ）		はい かしこまりました	○	○		
Ａ２：これ，ください。	単独行為要求（依頼）						
Ｂ２：かしこまりました。	注目表示（承認）						
Ａ１：○○（コーヒー，薬）はどこにありますか。	情報要求	取り立て助詞　は（提題）	［商品名］				
Ｂ１：あちらにあります。	情報提供	指示詞　どこ（疑問）（場所）	［場所］（例：２階）				
		格助詞　に（場所）	ある	○	○	○	
Ａ２：○○（コーヒー，薬）はどこにありますか。	情報要求	動詞　ある（存在）					
Ｂ２：２階にあります。	情報提供	終助詞　か（疑問）					
		指示詞　あちら（方向）					
Ａ１：食品売り場はどこですか。	情報要求	取り立て助詞　は（提題）	食品売り場				
Ｂ１：地下です。	情報提供	指示詞　どこ（疑問）（場所）	［場所］（例：２階）				
		名詞（指示詞）＋です	地下	○	○		
Ａ２：食品売り場はどこですか。	情報要求	終助詞　か（疑問）	ある				
Ｂ２：２階にあります。	情報提供	格助詞　に（場所）					
		動詞　ある（存在）					

やり取りの例	機能	文法	語彙	4技能			
				話す	聞く	読む	書く
Ａ１：○○（売っているかどうか）はありますか。	情報要求	取り立て助詞　は（提題）	小さい				
Ａ２：小いの（異なるサイズ）はありますか。	情報要求	動詞　ある（存在）	安い				
Ａ３：安いの（異なる値段）はありますか。	情報要求	終助詞　か（疑問）	扱う				
Ｂ１：すみません。扱っておりませんが。	否定の注目表示	形容詞	今	○	○		
Ｂ２：今，切らしておりますが。	否定の注目表示	形式名詞　の	切らす				
		動詞テ形＋おります（謙譲語Ⅱ） 接続助詞　が（言いさし）					
【説明：買い物をするときには，商品の値段を確認しましょう。】		格助詞　を（対象）	買い物				
例１：品名　タオルケット　　価格　¥4,000		連体修飾　とき	する			○	
例２：品名　即席中華めん　　328円（税込価格）		取り立て助詞　は（提題）　とき	とき				

出典：『「生活者としての外国人」に対する日本語教育の標準的なカリキュラム案について』文化庁（p.33）平成22年5月19日文化審議会国語分科会

（2）学習順序についての検討

　学習順序、すなわち学習内容をどのような順序で指導するかについては、一般的な日本語教育では、教科書を選定した段階でほぼ決まることが多い。教師は教科書の目次通りに指導を行うことになるので、あえて学習順序について検討することはないだろう。したがって、教科書選びは、シラバスとその導入順序をほぼ確定してしまうことになるので慎重に行う必要がある。

　一方、文化庁のカリキュラム案では、提示された生活上の行為の事例の順序にしたがって教室活動が行われることを必ずしも想定していない。日本語教育の内容については基本となる大枠を示したものであり、

各プログラムにおいて学習者の状況や背景、ニーズを踏まえて学習順序を配列することになる。それぞれの生活上の行為の必要度は、学習者のニーズや状況により異なること、さらに、学習者によってはすでにある程度の生活上の行為を日本語で行うことができることも考えられる。学習者の日本語運用レベルを考慮して、指導の内容に軽重をつけて柔軟に対応することになる。指導者はある意味、状況を考慮しながら学習内容とその順序を検討することになるので、話題や機能を中心としたシラバスデザインをすることになるだろう。

　カリキュラムには、教科書を選定して目次通りに指導することを前提としたカリキュラムと、事前に教科書を選定しないで、ある意味において学習者のニーズに基づいて柔軟に対応することを前提としたカリキュラムがある。本章で紹介している、文化庁のカリキュラム案は後者のカリキュラムを前提としている。

（3）学習時間についての検討

　カリキュラム案では、単位を使って、生活上の行為の事例を学習する際に必要となる学習時間の相対的な割合を示している。各プログラムにおいては、学習者の状況に合わせた時間設定を行うこと、すなわちカリキュラム案の単位を参考に、それぞれの生活上の行為の事例の学習にどの程度時間を設ける必要があるかを、学習者の状況に合わせて検討することになる。単位は、時間配分についての大枠を示したものであり、各プログラムにおいて学習者の状況や背景、ニーズを踏まえた上で設定する。

（4）指導者・協力者についての検討

　カリキュラム案では、指導者とは、日本語教室で学習者に日本語を教

える、あるいは教室活動を中心的に行う人として、協力者とは、地域住
民や学習者の母語が分かる人、また外国人のことを指し、教室活動に協
力してくれる人として定義している。一般的な日本語教育機関における
「教師」に限定していない。

（5）教室活動についての検討
①行動・体験中心の活動についての検討

　カリキュラム案の本体資料に加えて、本体部分をより有効に活用する
ための参考資料として「ガイドブック」が作成されている。「ガイドブッ
ク」の４頁では、カリキュラム案の言語・言語学習の考え方に基づいて、
「活用及び指導方法に関するポイント」を次のようにまとめてある。こ
の表からカリキュラム作成における具体的な作業内容を理解されたい。

表6-2　活用及び指導方法に関するポイント

活用及び指導方法に関するポイント（標準的なカリキュラム案から抜粋）

地域・学習者に応じた教育内容の選択と工夫

○適宜修正を加え、各地域の状況や学習者の日本語レベルやニーズに合わせる（6ページ、23行目）

○各地域において取り上げる生活上の行為の事例を的確に選択し、具体的なプログラムとして配列する必要がある（6ページ、16行目）

○文字や発音、基礎的な文法事項などは各地域において日本語教育の具体的な内容を検討する際に必要に応じて取り扱うことを想定（5ページ、33行目）

○「生活者としての外国人」に対する日本語教育の目的・目標を達成するためには、学習者は標準的なカリキュラム案で示した生活上の行為の事例を網羅的に行えるようになる必要がある（6ページ、19行目）

専門家・地域住民との協働

○カリキュラム案の「場面」の「相手」で取り上げられている人や、学習者と母語が同じでかつ滞日期間が長く、日本の生活に詳しい人の協力や参加を得ることで、より具体的で効果的な教室活動を展開することができる（8ページ、2行目）

○地域における日本語教育に精通した専門家の助言を受けることが望ましい（8ページ、22行目）

行動・体験中心の活動

○生活上の行為を行えるようになるということはその生活上の行為が行われる場面に関係する言語・社会・文化的な知識を使って行動できるようになることである（6ページ、27行目）

○生活場面と密着したコミュニケーション活動を可能とする能力につながる教室活動を充実すること（7ページ、17行目）

○カリキュラム案で取り上げた学習項目を体験的に学ぶ（7ページ、19行目）

対話による相互理解の促進

○日本社会における規範の押し付けにならないような配慮が必要。互いの文化の理解が深まるような対話を盛り込んだ教室活動を行う工夫が求められる（6ページ、33行目）

○日本人側も「生活者としての外国人」が置かれている状況や背景を理解していくことが重要であり、学習者自身が自分の背景や文化を日本人側に提示できるような配慮が必要（7ページ、21行目）

○文化交流・対話の場を設け、指導者と学習者、学習者同士が互いの社会・文化について学べるように工夫すること（7ページ、23行目）

出典：『「生活者としての外国人」に対する日本語教育の標準的なカリキュラム案活用のためのガイドブック』文化庁（p.4）平成23年1月25日文化審議会国語分科会

②**教材についての検討**（教材例集の３頁から引用）

　「教材例集」では、具体的な教材が例示されている。これらを参考にしながら必要に応じて教材を作成する。

　次の「表１：各教材例の構成の図」は、日本語教育プログラムの作成手順における教材の位置付けを表したものである。この単元「(08) 物品購入・サービスを利用する」の教育内容を考える際にどのような教材が必要になるかを例示している。図表の内容「イメージをつかむ」では「表２：●イラスト・写真シート」を使用する。同様に、「体験・行動する」では「表３：■活動シート」を活用する。「ことば・表現を知る」では「表４：◆ことば・表現シート」、「発展的な活動」では「表５：★別表１」を活用する。これらを組み合わせながらカリキュラムの中身が具現化されていく。（表６）はカリキュラム案に基づいて作成された教室活動の例で、教案に相当するものである。

表6-3　（表1：「各教材例の構成の図」）

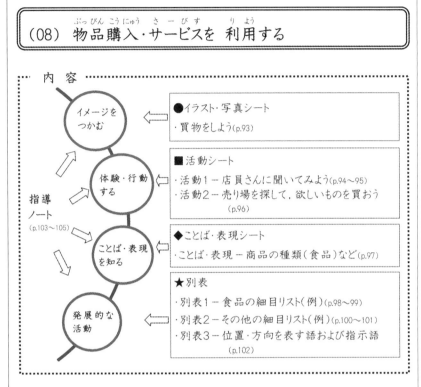

（08）　物品購入・サービスを 利用する
ぶっぴん こうにゅう さーびす りよう

内容

イメージを
つかむ
← ●イラスト・写真シート
・買物をしよう(p.93)

体験・行動
する
← ■活動シート
・活動1－店員さんに聞いてみよう(p.94〜95)
・活動2－売り場を探して，欲しいものを買おう
(p.96)

ことば・表現
を知る
← ◆ことば・表現シート
・ことば・表現－商品の種類（食品）など(p.97)

指導
ノート
(p.103〜105)

発展的な
活動
← ★別表
・別表1－食品の細目リスト（例）(p.98〜99)
・別表2－その他の細目リスト（例）(p.100〜101)
・別表3－位置・方向を表す語および指示語
(p.102)

取り上げる生活上の行為の事例

　　（0801060）「店内の表示を見たり店員に尋ねて欲しいものの場所を探す」
　　（0801050）「デパート，スーパーマーケット，コンビニ，電器店，書店等で買物をする」
　　（0801080）「売り場を尋ねる」

教室活動の目標

　　・店内の表示を見たりして，店員に尋ねて欲しいものの場所を探す

教室活動のねらい

　　・買いたい物がどこにあるか聞くことができる
　　・商品名を言うことができる

出典：『「生活者としての外国人」に対する日本語教育の標準的なカリキュラム案 教
　　材例集』文化庁（p.92）平成24年1月31日文化審議会国語分科会

（表２：「●イラスト・写真シート」）

イメージ（いめーじ）をつかむ　　　　　　　ぶっぴんこうにゅう さーびす りよう
（08）物 品 購 入・サービスを利用する

● 買物を しよう
かいもの

※1 Supermarket Sales | Flickr – Photo Sharing!　http://www.flickr.com/photos/bycolley/1786473070/
※2 Supermarket in Japan | Flickr – Photo Sharing!　http://www.flickr.com/photos/tamaiyuya/5694616767/
※3 Nagano supermarket | Flickr – Photo Sharing!　http://www.flickr.com/photos/frozenjames/511976065/

出典：『「生活者としての外国人」に対する日本語教育の標準的なカリキュラム案 教
　　材例集』文化庁（p.93）

（表３：「■活動シート」）

○ 話_{はな}してみよう(ロールプレイ_{ろーるぷれい})

（1)ロールプレイ_{ろーるぷれい} 1

Aさん
・ 店員_{てんいん}です。客_{きゃく}の 質問_{しつもん}に 答_{こた}えてください。

Bさん
・ ○○を 買_かいたいです。店員_{てんいん}に ○○の 場所_{ばしょ}を 尋_{たず}ねて、

欲_ほしい ものを 探_{さが}してください。

（2)ロールプレイ_{ろーるぷれい} 2

Aさん
・ 店員_{てんいん}です。○○は 売_うり切_きれました。△△は あります。
客_{きゃく}の 質問_{しつもん}に 答_{こた}えてください。

Bさん
・ ○○を 買_かいたいです。お店_{みせ}に ○○が あるかどうか、
店員_{てんいん}に 尋_{たず}ねてください。ない場合_{ばあい}は、△△を 買_かいたいです。
店員_{てんいん}に △△の 場所_{ばしょ}を 尋_{たず}ねてください。

出典：『「生活者としての外国人」に対する日本語教育の標準的なカリキュラム案 教
材例集』文化庁（p.95)

（表４：「◆ことば・表現シート」）

ことば・表現（ひょうげん）を知る（しる）　　　　　（08）物品購入・サービスを利用する

◆　ことば・表現－商品の　種類（食品）など

果物（くだもの）　野菜（やさい）　肉（にく）　魚（さかな）　卵（たまご）

豆腐（とうふ）　米（こめ）　パン（ぱん）　麺（めん）　牛乳（ぎゅうにゅう）

ジュース（じゅーす）　お茶（おちゃ）　コーヒー（こーひー）　酒（さけ）　調味料（ちょうみりょう）

缶詰（かんづめ）　冷凍食品（れいとうしょくひん）　惣菜（そうざい）　弁当（べんとう）　レジ（れじ）

※1　いろいろなフルーツ（果物）-著作権フリーの画像＆写真　http://royaltyfreeimages.sblo.jp/article/45193052.html
※2　無料DTP素材【素材ページ】食材・料理の著作権フリー写真　http://www.sozai-page.com/index.html
※3　有楽町の居酒屋#2 生ビール - 著作権フリー商用可！無料画像の写真素材♪ラブフリーフォト
　　　http://lovefreephoto.blog110.fc2.com/blog-entry-1478.html

出典：『「生活者としての外国人」に対する日本語教育の標準的なカリキュラム案 教
　　　材例集』文化庁（p.97）

（表5：「★別表1」）

発展的（はってんてき）な活動（かつどう）　　　（08）物品購入（ぶっぴんこうにゅう）・サービス（さーびす）を利用（りよう）する

★　別表1－食品（べっぴょう　しょくひん）の 細目（さいもく） リスト（りすと） （例（れい））

果物（くだもの）・加工品（かこうひん）
いちご
オレンジ（おれんじ）
かき
キウイ（きうい）
くり
さくらんぼ
すいか
なし
パイナップル（ぱいなっぷる）
バナナ（ばなな）
びわ
ぶどう
みかん
メロン（めろん）
もも
ライチ（らいち）
りんご
レモン（れもん）
ジャム（じゃむ）

野菜（やさい）
えだまめ
えんどう
かぶ
かぼちゃ
カリフラワー（かりふらわー）
きくらげ

きぬさや
キャベツ（きゃべつ）
きゅうり
こまつな
さつまいも
さといも
しいたけ
じゃがいも
しょうが
セロリ（せろり）
だいこん
たけのこ
たまねぎ
チンゲンサイ（ちんげんさい）
とうがらし
とうがん
とうもろこし
トマト（とまと）
なす
にんじん
ニンニク（にんにく）
ねぎ
はくさい
ピーマン（ぴーまん）
ブロッコリー（ぶろっこりー）
ほうれんそう
もやし
レタス（れたす）
れんこん

肉（にく）・加工品（かこうひん）
牛肉（ぎゅうにく）
鶏肉（とりにく）
豚肉（ぶたにく）
ラム肉（らむにく）
ソーセージ（そーせーじ）
ハム（はむ）
ベーコン（べーこん）

魚介類（ぎょかいるい）・海産物（かいさんぶつ）
あじ
いわし
かつお
かれい
こい
さけ／しゃけ
さば
さんま
たい
たら
まぐろ
いか
えび
かに
たこ
刺身（さしみ）
あさり
しじみ

出典：『「生活者としての外国人」に対する日本語教育の標準的なカリキュラム案 教材例集』文化庁（p.98）

（表６：標準的なカリキュラム案の活用例（実践例））

2　必要な品物を扱う店等を探す(0801020)

（1）取り上げる生活上の行為の事例と能力記述

大　分　類	Ⅲ	消費活動を行う
中　分　類	05	物品購入・サービスを利用する
小　分　類	(08)	物品購入・サービスを利用する
事　　例	・	必要な品物を扱う店等を探す

能 力 記 述	・知人や友人に店の場所を聞くことができる ・知人や友人にどんな店か聞くことができる ・電話帳で店を特定することができる ・新聞の広告を理解することができる

（2）教室活動の展開例

教室活動の内容	サポート情報等
1．商品名，地域のお店の名前を確認する ・写真や広告（の切り抜き）等を用いて商品の名前を確認し，町の地図や写真等を用いて店の名前と場所を確認する。 ・ひらがな，カタカナ，漢字については必要に応じ，五十音表などを用いて読み方を確認する。	＜社会・文化的情報＞ ・目的によって店舗の種類を使い分けることを知る 　（0801030） 　（※95ページ参照） ・店ごとに受けられるサービスと代価を理解する 　（0803010） 　（※95ページ参照）
2．必要な品物を売っている店について尋ねる ・町の地図等を用いながら，学習者が欲しい品物がある店の場所を尋ね，指導者が答える練習をする。また学習者同士でロールプレイを行う。 　【会話例】 　　学習者：「キャベツはどこで売っていますか？」 　　指導者：「〇〇スーパーで売っています。」 　　　　　／「〇〇スーパーです。」	＜教室活動の方法＞ ・ロールプレイ 　（※110ページ参照） ・物価の比較や，買物で値引き交渉するか等について話し合ってもよい。
3．店探し ・指導者以外の周りの人に学習者が欲しい商品を売っている店を聞き，実際に店を訪ねて，買い物をする。	＜教室活動の方法＞ ・実体験 　（※111ページ参照）

出典：『「生活者としての外国人」に対する日本語教育の標準的なカリキュラム案について』文化庁（p.99～p.101）

③評価についての検討

　カリキュラム案における評価についての検討では、学習者が生活場面と密着したコミュニケーション活動を可能とする能力を獲得できているかが評価の対象になるだろう。併せて、生活者としての外国人の移動と定住化を踏まえ、日本語教育を推進するためには、学習者の日本語学習の履歴と能力を把握し、日本語学習・学習動機の維持を継続的に支援するための方策も大切になる。

　カリキュラム案では、日本語能力の評価について、その実施時期が教育実践の開始前（クラス配置テスト）、教育実践の途中（中間テスト）、教育実践の実施後（期末テスト）とで評価結果の活用の仕方が異なると記述している。そして、日本語教育プログラムの一環としての評価であるので、具体的には「学習者が自身の日本語学習状況を把握し、日本語学習を継続させていくための評価」とすることとし、また指導者にとっては学習者をより適切に指導するための評価とすることが重要であると考え、教育実践の過程の中で行うことの意義を述べている。学習者にとっては「自身の日本語能力を把握するものにすること」、「自分の日本語学習を振り返ることができるようなものにすること」、「日本語学習の次のステップが見えるようなものにすること」、「日本語学習動機の維持につながるものとすること」が期待されている。なお、評価については第13章「評価法」で詳しく扱うことにする。

参照文献

今井新悟（2018）『いちばんやさしい日本語教育入門』アスク出版
文化審議会国語分科会（2010）『「生活者としての外国人」に対する日本語教育の標準的なカリキュラム案について』文化庁（平成22年5月19日）

文化審議会国語分科会（2011）『「生活者としての外国人」に対する日本語教育の標準的なカリキュラム案活用のためのガイドブック』文化庁（平成23年1月25日）

文化審議会国語分科会（2012）『「生活者としての外国人」に対する日本語教育の標準的なカリキュラム案 教材例集』文化庁（平成24年1月31日）

文化審議会国語分科会（2012）『「生活者としての外国人」に対する日本語教育における日本語能力評価について』文化庁（平成24年1月31日）

文化審議会国語分科会（2013）『「生活者としての外国人」に対する日本語教育における指導力評価について』文化庁（平成25年2月18日）

森篤嗣編著（2019）『超基礎・日本語教育』くろしお出版

山田智久・伊藤秀明（2021）『オンライン授業を考える 日本語教師のためのICTリテラシー』くろしお出版

7 | 日本語の構造①文法

滝浦真人

《**目標＆ポイント**》　日本語の性格と言えるような文法上の特徴が、学習者の母語と異なっているほど、習得上の困難点になりやすいと言える。そうした観点から、日本語文法の特徴を確認しながら、学習者と教師の双方にとって苦労の種となりやすい点について考えていく。
《**キーワード**》　「膠着語」的、語形変化、て形、やりもらい、コソア、助詞ハ

1. 後ろへ後ろへ

　一般に、言語学的な親戚関係にあるなど、仕組みの似ている言語は習得しやすい。フランス人がイタリア語を学んだり、ドイツ人が英語を学んだりするのは、そうした意味でかなり易しいと言えるだろう。日本語はどうだろうか。文法がよく似ている言語としては韓国・朝鮮語があって、たしかに相互に学習しやすいと言えるが、それを除くと、大言語としては、中国語も英語もフランス語もドイツ語も、仕組みの点で「かけ離れている」と言いたくなるほど異なるため、互いに学習が大変になる。
　では、そうした意味で日本語の特徴と言うべき「仕組み」は何だろうか？　母語話者としては日頃意識することがあまりないが、言語を教える際には、あらためて理解しておくことで、学習者の気持ち（困惑やパニック）もわかるようになるので、まずはここから始めたい。日本語の性格としてわかっておきたい点が、とりあえず2つある。それは、

　（A）動詞の後ろに文法的な要素をペタペタ貼り付けていく言語
だということと、
　（B）要素をつなげる際に形を事細かに変化させる言語
だということである。上で挙げた言語でいえば、中国語話者はこの２点とも全くなじみがなく、英語話者もかなりなじみがなく、フランス語、ドイツ語話者は語形変化には慣れているものの、日本語的な細かさとは違うのでかなり戸惑うことだろう。

　（A）のような特徴は「膠着語」的とも呼ばれるが、母語話者には当たり前でしかないので意識がない。しかし、日本語を教えるとなれば、例えば、次のような言葉のつなぎ方をわかってもらわなくてはならない。

（１）子どものころ、父はいつも家の外に<u>立たされていたそうです</u>。

　動詞から後ろの下線部を要素に分解してみよう。
　　立つ＋（さ）せる＋（ら）れる＋ている＋た＋そうだ＋です
　ここだけで、７つの要素をこの順でつなぎ合わせなければならない。７つの要素とは何だろうか？　それぞれに意味と文法的な機能のラベルを貼ると次のようになる。
　　<u>動詞</u>＋<u>使役</u>＋<u>受身</u>＋<u>状態（習慣）</u>＋<u>時（過去）</u>＋<u>伝聞</u>＋<u>丁寧</u>
　　　　　態　　　相　　　　時制　　ムード　敬体
　　（ヴォイス）（アスペクト）　（テンス）　（モダリティ）
「態（ヴォイス）」「相（アスペクト）」「時（テンス）」までが伝えられる事柄自体（「命題」と呼ぶ）の構成要素で、後ろの「ムード」と「敬体」はそれを伝える話し手の主観的な態度を表す要素となる（総称して「モダリティ」）。命題の構成要素は、動詞の意味に直接関わる度合いが強いものほど動詞に近く配置され、モダリティの方も、事柄に対する話し手

の認識が命題の直後、聞き手に対する話し手の態度が最後、という配置となる。少しずつ導入し練習を重ねて慣れてもらうしかないとはいえ、なかなか大層なことではあろう。

　さらに学習者を混乱させる問題がある。それは時（テンス）の位置で、基本の位置は上のように命題の最後だが（否定が入る場合は「なかった」のように否定が前に来る）、丁寧形を用いる場合に非常に大きな例外があって、その場合はモダリティも飛び越して文の末尾に来るのが規範形となる。例を見よう。

（2）　a　行かなかった<u>た</u>です
　　　　b　行きませんでし<u>た</u>

"正しい" 形として教室で教えられるのは［動詞＋ませんでした］でbの方だが、実際には、次のような言い方が全く普通に聞かれるだろう。

（3）「日曜日はどこかへ行きましたか。」
　　　「どこにも行か<u>なかったです</u>。」

さらに言えば、「ない」は形容詞的な活用をする助動詞であり、形容詞の丁寧表現として「大きいです」「暑いです」などが公式に容認されてきたことに倣えば、「行かなかったです」も誤りとは言いにくい（日本語の趨勢としては、「ませんでした」から次第に「なかったです」の方へ勢力が移動しつつある）。かように悩ましさが付いて回る。

2. 形の変え方

　さて、日本語の文法的性格にはもう1つ、

（B）要素をつなげる際に形を事細かに変化させる言語

というのがあった。上では触れなかったが、動詞自体にも動詞の後ろに付けられた要素にも語形変化がある（「活用」と呼ばれる）から、動詞のタイプや活用形に応じた適切な形が作れないと、正しい文にならない。日本語には動詞文だけでなく、形容詞文や名詞文もあり、それらにおいても同様である。なお、日本語教育では、動詞、形容詞類の活用形を学習者目線に立ったやさしい名称で呼ぶので、国文法などとの対照表を引用しておく（表7-1；高見澤 2019、p. 113）。

表7-1　動詞・形容詞の活用形の名称対照表

動詞	イ形容詞	ナ形容詞	国文法の名称	日本語教育の名称	英語名
「行く」の活用	「高い」の活用	「静か」の活用			
行かない	高くない	静かではない	未然形	**ない形**	negative form
行きます	———	———	連用形	**ます形**	masu form
———	高くに	静かに	連用形	**に形（連用形）**	adverbial form
行って	高くて	静かで	連用形	**て形**	te form, gerund
行く	高い	静か（だ）	終止形	**辞書形，る形**	dictionary form
行く	高い	静かな	連体形	**基本形，現在形**	non-past
行けば	高ければ	静かならば	仮定形	**ば形**	ba form, provisional
行こう	———	———	未然形	**意志形**	volitional, tentative
行け	———	———	命令形	**命令形**	imperative
行った	高かった	静かだった	過去形	**た形**	past

　母語話者は、親や周囲の人が使う形を丸飲みしつつ、真似して自分も言ってみたり、時に間違えて直されたりしながら、パターンを覚え、頭の中に規則性を作り上げていく。後になって、学校で「文法」を習うが、それは、"すでにできている人の知識を整理する"ものと言える。けれ

ども、学習者とは"まだ知らない・できない"人であるので、同じやり方は採れないというのが基本の認識となる。

　例えば、次のような簡単なやりとりが（単に文を丸暗記しているのではなくて）できるためには、何を理解していなくてはならないだろうか？

（４）「きのうは何を<u>し</u>ていましたか。」
　　　「家で本を<u>読んで</u>いました。」

質問には「する」という動詞が用いられており、答えには「読む」という動詞が用いられている。「する」の後ろに「て」（以下、頻繁に登場するのでしばらく「テ」と表記する）が来るときは「し」に変わる。他方、「読む」の方では、テ形に続く際に、「読ん」に変わるだけでなく、テも「で」に変わる。どうすればこのことを教えられるだろうか？　「読む」は五段活用動詞であり、そのテ形は連用形「読みて」が音便現象を起こして「読んで」となり……、などと説明したくなるかもしれない。だがそれは、すでに「五段動詞」や「一段動詞」というタイプを知っているからわかる話であって、まだ何も知らない学習者には全く通用しない。その状態で、どうやったら［動詞＋ている］や［動詞＋てください］といった形が言えるようになるかという問題として考えなければならない。

　必要なことは、以下のようにまとめられる。
①日本語の動詞は活用のパターンによっていくつかのグループに分けられることを理解する
②テ形になる際に音が変わる語がたくさんあることを理解する
まず①では、たしかに、母語話者が「五段動詞」や「一段動詞」として教わる動詞のタイプがあることをわかってもらう必要がある。母語話者

と違い、単語を覚えながらタイプも理解してもらう必要があるので、学習者自身で判断できるやり方でグループ分けをして（後から自分で見分けることができる）、それぞれの活用を教えることになる。そのやり方は、はじめに不規則な変化をする動詞を分けてしまってから、動詞の形（音）に着目して大きく分け、例外的な語を分け直すようなプロセスとなる。

　不規則動詞は、これとこれ、と指定するしかない。「する」（含・「○○する」）と「くる」で、各々「サ行変格活用」「カ行変格活用」として習ったように、活用が不規則なので、別に分けてしまう。テ形はどちらも、ます形（＝連用形）の「ます」のところに「て」を置けばよく、「して」「きて」となる。

　次に、サンプルとして25語の動詞を拾ってみた。音に注目して何か気が付くことがあるだろうか？

> あける、いく、うける、うる、おきる、おこる、おしえる、おちる、
> かう、きく、きる、ける、たつ、たべる、つかう、つける、みる、
> のむ、のる、はしる、はなす、もつ、よぶ、よむ、わかる

最後が「る」で終わる語が相当数あることに気付くだろう。そうでない語は「く／う／つ／す／etc.」とウ段の様々な音で終わっている。「る」で終わるものをさらに見ると、「i/eる」で終わる語が多くを占め、そうでない「わかる」「うる」「おこる」のような語（「a/u/oる」の形）が混じる格好になる。種明かしをすれば、「i/eる」で終わるというのはいわゆる**一段動詞**のすべてに当てはまることで、「一段」というのは不変化部分（これを「**語幹**」と呼ぶ）の母音が1種類だけのタイプであり、それがイ段／エ段となる。ここはまず形（音）を手がかりに分けたいので、「i/eる」で終わる語を取り分けよう。すると、次の語が取り出せる。

　あける、うける、おきる、おしえる、おちる、<u>きる</u>、<u>ける</u>、たべる、
　つける、みる、<u>はしる</u>

　なるほど、「あける」「うける」「おきる」など、たしかに一段活用だ
とわかる。しかし、すぐに気が付くこともあるだろう。「<u>きる</u>」は、「着
る」なら一段活用だが「切る」なら五段活用という具合に両方の形があ
る。さらに見ていくと、「<u>ける</u>」「<u>はしる</u>」も五段タイプなので、これら
の例外は**五段動詞**のグループに入る（残念ながら覚えてもらうしかな
い）。語幹がi/eの母音で終わる一段動詞は、「**母音動詞**」と呼ぶことも
ある。テ形は語幹にテを付けるだけでよい（「おきて」「たべて」「みて」
等）。
　そうして残った動詞がもう１つのグループとなる。

　いく、うる、おこる、かう、きく、きる（切る）、ける、たつ、
　つかう、のむ、のる、はしる、はなす、もつ、よぶ、よむ、わかる

こちらのタイプは、最後の母音 -u を取り去った部分が語幹で、それに
-a/i/u/e/o- を挟んで後ろに様々な語要素が来る。語幹としては（上の
例で）k, r, w など子音で終わるので「**子音動詞**」と呼ぶこともある。こ
のタイプのテ形が問題で、［ます形（＝連用形）＋テ］なら「いきて」「う
りて」「おこりて」などとなるはずのところが、そうはならず、大変複
雑な様相を呈することになる。上で「②テ形になる際に音が変わる…」
と書いたのがそれで、後ろであらためて述べる。
　さて、こうして分けた３つのグループをまとめると以下のようになる。

１グループ（五段動詞／子音動詞／u-verbとも）

２グループ（一段動詞／母音動詞／ru-verbとも）

３グループ（不規則動詞／サ変・カ変動詞／irregular verb）

（なお、ここでは動詞の辞書形［＝終止形］を基に分類するやり方を見たが、実際に初級学習者に教える場合、先に習っていて使う頻度も高い「ます形」で分類することも多い。）

　このうち、２グループと３グループはテ形を作る・覚えるのも容易である。では問題の１グループで、

②テ形になる際に音が変わる語がたくさんあることを理解する

について考えよう。テ形は、ます形の「ます」を「て」に置き換えるという単純な構成だが、上の例でそのままテ形になるのは、なんと、「はなす＞はなして」の１語しかない（＞の記号は→のように読んでほしい）。残りはすべて音が変化してしまう（「音便」現象という）。変化の仕方にはどうやら３パターンがあるとわかる。

　　―って：　いって（＜いき＋て）、うって（＜うり＋て）、

　　　　　　　おこって（＜おこり＋て）、かって（＜か［買］い＋て）、

　　　　　　　きって（＜きり＋て）、など

　　―んで：　のんで（＜のみ＋て）、よんで（呼んで［＜よび＋て］、

　　　　　　　読んで［＜よみ＋て］）

　　―いて：　きいて（＜きき＋て）

これらはそれぞれ、「促音便」「撥音便」「イ音便」と呼ばれる。また、「行く」は「聞く」などと同じく「行いて」になるかと思えばそうではなく、例外的に「行って」となるのでさらに厄介である。

　音便現象について歴史的な変化を説明するのは学習者には無理だし、音変化のバリエーションも多くて複雑である。そのため、ます形や辞書形（＝終止形）の音に着目してテ形がどうなるかの組み合わせを、「い

ちり→って」「みびに→んで」（ます形から）、あるいは「うつる→って」「むぶぬ→んで」（辞書形から）のようにまとめて覚えてもらったり、それを替え歌に乗せて覚えてもらうなどして、ようやくテ形がどうなるかを記憶することができる（インターネットで「テ形の歌」を検索すると様々なバリエーションを見ることができる）。3つのグループの動詞について、ます形、テ形と、辞書形、ない形（＝未然形）をまとめた表を引用しておく（表7-2；深澤・本田 2021、p. 20）。

表7-2　3つのグループの動詞活用表

		ます形	て形（た形）	辞書形		ない形
1グループ u-verb	い	買います	買って（た）	う	買う	買わない
	ち	待ちます	待って（た）	つ	待つ	待たない
	り	終わります	終わって（た）	る	終わる	終わらない
	み	飲みます	飲んで（だ）	む	飲む	飲まない
	び	遊びます	遊んで（だ）	ぶ	遊ぶ	遊ばない
	に	死にます	死んで（だ）	ぬ	死ぬ	死なない
	き	書きます	書いて（た）	く	書く	書かない
	ぎ	急ぎます	急いで（だ）	ぐ	急ぐ	急がない
	し	話します	話して（た）	す	話す	話さない
	き	行きます	行って（た）	く	行く	行かない
2グループ ru-verb		食べます	食べて（た）	食べる		食べない
3グループ irregular verb		します	して（た）	する		しない
		来ます	来て（た）	来る		来ない

　母語話者でない人にゼロから言語を教えるということの大変さの一端を、感じてもらうことができただろうか。

3. なぜか3系列

　日本語の文法的な性格が世の言語の大勢とちょっと違っているために、学習上の困難点になり得る典型的な事象もある。その1つが、

　(C) 世界の大勢と異なり、なぜか日本語では3系列の小体系をなす

項目の存在である。具体的には、いわゆる「やりもらい」の授受動詞と指示詞の「コソア」がそれに当たる。以下、まず授受動詞の体系を例に、区分の数が「2」でなく「3」であることの意味と捉え方について見てから、「コソア」の体系がどのように捉えられるかを検討していこう。

●「やりもらい」の授受動詞

　物（やそこから派生的に気持ちや行い）などを、誰かに与えたり誰かから受けたりすることは、どんな言語でも頻繁に表現されるトピックだと言うことができる。「授受」という言葉にも表れているように、物などの移動の方向が基本的に2つであることを反映して、それを表す動詞も2系列に区分するのが主流と言える。まず思い浮かびそうなのは英語で、'give' が与える方向、'receive' が受ける方向という二項対立の関係になっている。とはいえ、2方向が絶対というわけでもなく、誰が誰にという点を明確にすれば動詞1つでも済むので、例えば中国語のように「給」という動詞だけでまかなうことも可能である。

　ところで、私たちはずいぶん長い期間にわたって英語を習うが、英語に関して「授受動詞」といった呼び方を耳にすることは基本的にない。'give' や 'receive' に他の動詞と異なる性質があるわけではなく、そうまとめる必要もメリットもないからである。しかし、日本語では、ヤル／クレル／モラウの3系列があるため、方向だけではない、何かもう1つの観点が組み合わさっていると考えなくてはならない。さらには、こ

れらの3系列それぞれに普通形と敬語形があるので（ヤル形は歴史的に敬語形を2つ登場させた）計7語があることになり、立派に小体系を成していると見ることができる。それで「授受動詞」と呼ばれる。

　3系列それぞれに、典型的な使い方を挙げてみよう。

ヤル系

（5）　a　きのう、（私は）ユキちゃんに本を<u>あげ</u>ました。

　　　　b　きのう、弟がユキちゃんに本を<u>あげ</u>ました。

クレル系

（6）　a　きのう、ユキちゃんが（私に）本を<u>くれ</u>ました。

　　　　b　きのう、ユキちゃんが弟に本を<u>くれ</u>ました。

モラウ系

（7）　a　きのう、（私は）ユキちゃんに（／から）本を<u>もらい</u>ました。

　　　　b　きのう、弟がユキちゃんに（／から）本を<u>もらい</u>ました。

とりあえず、移動の方向で分けておけば、話し手を基準に、**ヤル系は離れていく方向（遠心的・外心的）、クレル系とモラウ系は近づいてくる方向（求心的・内心的）**ということで、与える方向は1つだが受ける方向を2つに分けているのが「3」の由来だということがわかる。

　上の例では各系列いずれも、aは話し手と「ユキちゃん」との間でのやりとりが、bは（話し手の）「弟」である人物と「ユキちゃん」との間のやりとりが表されている。母語話者にとってaとbの違いはあまり大きなものと意識されないが、それは母語話者が一方の関与者について、**話し手自身であっても話し手側の第三者であっても同じに扱ってかまわない**、と考えているからである。授受動詞における移動の方向とは、話し手のところに置かれた「視点」を基準に遠ざかるか近づくかの違いと

して捉えられるものであるため、関与人物が話し手自身であるか話し手
側の第三者であるかの違いは実質的な相違とならない、という重要な原
則がここにある。

こうして、移動の方向については、視点を基準とした遠心的／求心的
の2方向性ということで説明がついたが、求心的の方に2系列あること
の説明はまだだった。（6）と（7）を比べてみれば、クレル系の（6）
では「ユキちゃん」が主語であるのに対して、モラウ系の（7）では話
し手（側の人物）が主語（相当）であることがわかる。言い換えれば、
クレル系では与え手が主語、モラウ系では受け手が主語、という違いで
ある。このことの意味を考えるには多くの材料が必要だが、とりあえず
は、恩恵を受けるという同じ事態を、与えてくれる人のこととして表現
したいか、受ける自分（側）のこととして表現したいか、という点が分
かれ目になっている、とは言えるだろう。特に**敬語形**になった場合には、
**与え手のことを丁寧に言うのが「くださる」であるのに対して、受け手
である自分（側）が丁重にへりくだるのが「いただく」である**という違
いになる。

以上をまとめると、2つの観点による2×2の表ができる（表7-3）。
理論上は4つの語が区別できるが、受け手主語で遠心的な語はない。

表7-3　授受動詞（ヤル系／クレル系／モラウ系）の体系

主語＼移動方向	遠心的	求心的
与え手	ヤル・アゲル	クレル
受け手	—	モラウ

・**恩恵の移動方向**：視点から見て 遠心的／求心的
・**主語**：与え手／受け手

系列の数が「3」であることについて、1つの尺度上の3段階ではなく、このように2つの二項対立を組み合わせて区別している場合が多いという点にも留意しておきたい。

●指示詞コソア

指示詞とは、典型的には"いま・ここ"の現場内での直示を受け持つ語彙のことで、英語なら（人称代名詞ではなく）指示代名詞と呼ばれる"this"対"that"など、中国語なら指示代詞と呼ばれる"这"系 対"那"系に当たり、ともに"近"対"遠"の二項対立的な構成となっている。複雑な世界を遠近で2つに分けてしまうことは、簡便かつ効果的であるので、言語学的にもデフォルトはこの遠近方式であると言ってよい。ところが日本語の指示詞は、二項対立でない「コソア」の3系列からなっている。同様の方式としては、お隣の韓国・朝鮮語や、かなり西方となるがトルコ語などがある。2系列で当たり前と思っている世界の多くの人にとって、この1つ増えた3系列というものが何であるかを理解するのはなかなか厄介で、当然学習上の困難点ともなってくる。

日本の学校文法でもそうだが、日本語の教室でも、コソアは「近／中／遠」という（一次元的な）距離による区分として、あるいは、本質的には同じことだが、「自分／相手／第三者」という人称的な区分として、（あるいは両者を重ね合わせたものとして、）教えられることが一般的だろう。次のような文例は、もう最初から頻繁に現れてくる。

（8）（自分が持っているものを述べた後、相手の持っているものを尋ねて）
    「<u>これ</u>はリンゴです。<u>それ</u>は何ですか？」（→「<u>これ</u>はミカンです。」）
（9）（自分と相手から離れた場所にあるものを指して）

「<u>あれ</u>は何ですか？」（→「<u>あれ</u>はイチゴです。」）

　実は、このような文字どおりの "いま・ここ" における**現場指示**を扱っているかぎりは、「近／中／遠」でも「自分／相手／第三者」でも説明が成り立つため、学習者側も問題を感じないまま進んでしまいがちである。ところが、実際の日常生活の中で頻繁に用いられる現場的でない用法（**文脈指示用法**など）になると、こうした説明はあっさりと有効性を減じてしまう。例えば、次のような使い方は、文法的に不成立あるいは不自然だと言われるだろう（各々の印として*と？を文頭に付す）。

(10)　昔からの友だちがアメリカにいます。*<u>あの</u>人が来週日本に来ます。
(11)　？○○さんの作る料理はおいしいから、みんな<u>これ</u>を食べると元気が出ます。

　これらはいずれもソ系の語（「<u>その</u>人」「<u>それ</u>」）がしっくりくる。(10)のような文脈でア系が使えるとしたら、(10')のように、（前に会った、あるいは以前も話題にしたなど、とにかく）聞き手もその「友だち」のことを認識していることが原則的に必要となる。

(10')　昔からの友だちがアメリカから遊びに来たこと、覚えてますか？
　　　　<u>あの</u>人が来週日本に来ます。

(11)についても、コ系が使えるのは、その「料理」が現にそこにあるなど、聞き手も共有している場合が基本である（時に母語話者が使う「いやあ、<u>これ</u>がおいしいのよ！」のような "劇的現在" 的用法は架空の共有に訴えている）。

　こうした例を重ねていくと、実は**コ系とア系が使えるのは、現場指示**と同様、**話し手が直接的に聞き手と共有している（できる）モノ・コト**であることがわかってくる。決まった言い回しとも思える次のような使い方も、相手との "共有" をフォーカスしていることの表れである。

(12)　例の<u>あ</u>の件ですが、どうしましょうか？

「例の」という言葉が明示的に表しているように、言及されている案件は、二人の間ですでに話されたことがあり、それゆえ直接的に共有されているものでなければならない。
　では**ソ系**はというと、そうした**共有指向がないモノ・コト**について、**客観的に指し示す**のに用いられる。上の（12）のような文脈で、もし初耳の話をされたなら、指示詞はア系ではなくソ系に変わることになる。

(13)　<u>そ</u>の件は初めて聞きます。

いわゆる説明に用いられるソ系はすべてそうだが、発信者側はただそのようなものを思い浮かべよと言っているだけで、**直接的な経験の共有は想定されていない**。（14）のような**一般論ではソ系しか使えない**。

(14)　大地震！　<u>そ</u>のときどうする？　（自治体のサイトなどに多数）

話し手が到底受け入れがたいような事態について私たちがふと発するこんな言葉も、ソ系でしか言うことができない。

(15)　え？！　<u>そんな</u>！　酷いじゃないですか！

これなど、共有の不可能さを焦点化したようなソ系と言えるだろう。

　このように見てくると、むしろ話し手から最も"遠い"のはソ系のように思われてきて（歴史的にもソ系は不確定のものや否定的に述べる際に用いられた）、他方でコ系とア系は話し手に（も聞き手にも）"近い"関係にあると感じられてくる。以上を図7-1にまとめておこう（より詳しくは、滝浦 2008も参照されたい）。

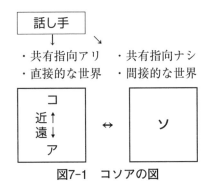

図7-1　コソアの図

これが英語のような2系列の言語とどう対応するかというと、コがthis、アがthatで（ここまでは指示代名詞）、共有指向のないソがitに当たると考えるとわかりやすい（itは人称代名詞！）。

　いずれにしても、コソアが単純な「近中遠」の尺度上の3区分ではないという点は、教師として理解しておきたい。

4.　ハのこと

　最後にどうしても、日本語の文法的性格として見ておきたいことがもう1つある。それは、

　(D) 日本語の文は（実は）述語だけあれば成り立つ

というものである。この点はとりわけ**ヨーロッパ系の言語**とは大きく対照をなし、**文とは［主語―述語］の幹があってはじめて成立する**、と思っているそれらの言語の話者たちには、かなり謎めいてイメージされることになる。「幹」の比喩に倣って言えば、日本語は鉢植えの「盆栽」のように、根があって、それを生かすのに必要な枝が必要なだけ伸びているようなイメージになるだろうか。学習者の戸惑いも大きくなるため、日本語教育の世界ではあまり立ち入らずに済ますことになるが、日常の会話ではきわめてよく現れることや、学習者が「主語」的なものとして覚えることになる助詞「は」（以下「ハ」と表記）の理解とも大きく関わってくるので、最低限のことだけ押さえておきたい。

　まずは日常の会話を思い起こしてみよう。そこでは、**述語しかない文**のやりとりが頻繁に行われている。

(16)「ねえ、○○、行かない？」「ううん、いいや。」「え〜、行こうよ。」
　　「うーん、眠い。」「そっか、わかった。」
(17)「どうぞ、食べて。」「あ、おいしい！」「ありがと、うれしい。」
(18) 雨だ！　あ、洗濯物！　すぐ帰らなきゃ。

これらについて、主語が省略されている、と説明したくなるかもしれない。だが、例えば (16) で、「主語」を明示して、「私たちは、○○行かない？」とか「そっか、私はわかった。」のようにすると、どちらも決して実際に言われることがない、奇妙で意味も変わってしまう言い方になる。(17) もそうで、「どうぞ、あなたは食べて。」とか「ありがと、私はうれしい。」とは、特別な文脈がないかぎり言わない。(18) など、「雨だ」の「主語」を考え出すことさえ不可能と言うべきだろう。そう考えれば、これらは**主語の「省略」ではない**と見なくてはならない。

　日本語は、話し手からの〈見え〉を言葉にする言語だと考えることが、理解の第一歩であるように思われる。話し手の意識に上ったことをそのまま言語化してよい、と考えれば、「いいや」や「眠い」や「わかった」も、「雨だ」や「洗濯物」も、それぞれがそれ自体で述語になっていると了解することができる。こうした日本語的なあり方を、ヨーロッパ系言語における「主語─述語二本立て」に対して、「述語一本立て」のように呼ぶこともできるだろう。

　このことを押さえた上で、もう少し検討しよう。例えば（16）で、誘われて断る側が、「ううん、今日はいいや。」や「今日は眠い。」のように言うことはよくあるだろう。断る側として、「今日」に関しては、「眠い」という事情もあるから止めておきたい、と情報を加えたことになる。ここで登場してくるのが「ハ」で、次に来る述語が何についての話であるか（これを「主題」とか「トピック」という）を示す働きをする。これが付くことによって、（16）で誘った側も、無制限にそうであるわけではないのだと了解し、「また今度ね。」と言うこともできる。

　ハの付いた語が「主語」だと教えてしまうと、少々困ったことになりかねない。上の「今日は」はどちらも「今日」が主語の文ではないから、なぜ主語でない言葉にハが付いているのかと学習者は混乱してしまう。もちろん、主語相当のハもあって、例えば先の（17）で「あ、これはおいしい！」と強調的に言うこともできるが、このハは、［これがおいしい］とガ格で示される語を主題化したものと解される。主題化は「とりたて」とも呼ばれ、ハの品詞も最近では「とりたて助詞」と呼ばれる。

　そういうわけで、ハは主語にも使われるが、働きはもっと広く、主題全般に使うことができる。次に掲げる例は、文法的なつながりとしては、ガ格のほかノ／ニ／ヲなど様々な格助詞や副詞に相当する関係となる。

（19）　私、牡蠣<u>は</u>食べられません。（←牡蠣<u>を</u>食べる）

（20）　スーパー銭湯<u>は</u>よく行きます。（←スーパー銭湯<u>に</u>行く）

（21）　象<u>は</u>鼻が長い。（←象<u>の</u>鼻；ハの「とりたて」を論じた文法学者三
　　　　上章が書いた本のタイトルでもある）

（4）　（再掲）きのう<u>は</u>何をしていましたか。（←きのう φ［副詞］）

　日本語文法の学習において、このハと格助詞ガの使い分けは大きな問
題となる。とはいえ、いま見てきたような理論的な話はとてもできない
から、きわめて現実的に、どういう場合にハを、どういう場合にガを使
う、と教えてしまうことも必要となる。そうした意味で、次のような整
理の仕方は有用だろう。

・基本的に文の主語は「は」で言う
・以下の場合は「が」を使う
　疑問の語（「だれ」「何」）と一緒に使うとき（だれ<u>が</u>来る？）
　疑問の語（「〜が」）を使った質問に答えるとき（山田さん<u>が</u>来る。）
　目の前のこと・気持ちを表現したいとき（猫<u>が</u>いる！　水<u>が</u>冷たい！）
　「好き」「わかる」「得意」などの対象を言うとき（紅茶<u>が</u>好き。）
　「〜は〜が文」を使うとき（これは私<u>が</u>好きな料理です。）
　　　　　　　　　　　　　　　　　（強調は滝浦；深澤・本田 2021、p. 24）

ガが使われるのは、「Ｘが」の「Ｘ」自体が情報の重点になっている場
合を基本とする。「Ｘは」では、**主題Ｘは共有済みの情報**であり、その
後ろに情報の重点が来るという具合に対照的となる。

参照文献

高見澤孟監修（2019）『新・はじめての日本語教育 基本用語事典 増補改訂版』アスク出版

滝浦真人（2008）『ポライトネス入門』研究社

深澤のぞみ・本田弘之編著（2021）『日本語を教えるための教授法入門』くろしお出版

8 | 日本語の構造②音声・音韻

滝浦真人

《**目標＆ポイント**》 音声・音韻面で学習者の大きな困難点となるのは、日本語のリズム単位が「拍」であるという、母語話者が日頃意識していない特徴であり、とりわけ母音の長短の区別が難しい。それとも関連して、長音のほか、促音や撥音といった「特殊拍」は日本語独特の音として理解する必要がある。母音や子音は比較的単純だが、母語との関係で「有声音／無声音」の区別に手こずる学習者も少なくない。個々の音では、狭い母音であるイ段・ウ段で他と異なる音が現れるなどの特徴があり、注意したい。

《**キーワード**》 緩い母音、狭い母音、有声／無声（対 無気／有気）、拍（モーラ）、長短、特殊拍、アクセント

1. 日本語の母音と子音の特徴

　はじめに予告をしたように、学習者にとってなかなか難しいのは「拍」でリズムを構成するという日本語の特徴だが、何はともあれ、日本語の母音や子音についてひと通り見ておかないと話ができないので、音のレパートリーから見ていこう。音声面から見ると、母音が5、子音（半母音を含む）が15に特殊拍が3、ということで、

　（A）日本語は音の数が少なめの比較的シンプルな言語

であると言ってよい（一覧にしたものは後掲［図8-5]）。

● "緩い" 母音

　まずは母音である。母音とは、肺からの気流が口むろ（口腔）の中で妨げられることなく調音される音のことで、**母音の音色は３つの要素で決まる**。うち２つは**舌の位置**と関係するもので、１つは舌の上下とともに口むろ内が狭くなっているか広く開いているかであり（それぞれに対応して、**狭母音／広母音**という）、もう１つは、舌の最も高くなっている位置が口むろの前寄りにあるか後寄りにあるかである（**前舌母音／後舌母音**という）。３つめは、唇の形状と関係するもので、唇の丸めがあるかないかである（**円唇母音／非円唇母音**という）。

　図8-1を見てほしい。図の縦が広狭と、横が前後と対応している（円唇性は区別していない）。書き込んだのは、国際音声記号の基本母音と呼ばれるもの（一部）と日本語の５母音である。理論的には、**ア**は最も広い母音、**イ**は最も前寄りの、**ウ**は最も後寄りの母音で、エとオは縦の中間に来るということになるが、実際の発音からすると、アイウエオはいずれも図の内側に入っていて、広狭も前

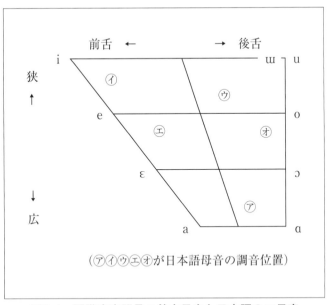

（アイウエオが日本語母音の調音位置）

図8-1　国際音声記号の基本母音と日本語の５母音

後もそれほど強調されない（つまり "緩い"）。中でも、実際のウは後舌というより中舌に近いくらいで、かつ、基本母音の[u]（フランス語や英語などの[u]に近い）が持っている円唇性が弱い。そのため、[u]から円唇性を除いた**非円唇母音の音声記号[ɯ]で表記する**こともよく行われる。このように**日本語の母音は調音時の筋肉の緊張が弱く "緩い"** 特徴があるため、母音の緊張が強い母語の学習者の場合、母音の発音が "きつく" 聞こえやすい傾向がある。また、母音が５つというのはかなり基本的な母音だけとも言えるが、それでも、性格付けの曖昧なエの聞き取りなど、問題の生じやすい音もある。

●狭い母音の子音に特徴あり

子音とは（肺からの）気流が妨げられることで生じる音を利用して調音される音のことで、**気流が妨げられる場所**と、**気流の妨げ方**、そして**声の有無**という３つの要素で決まる。それぞれ、**調音位置（調音点）**、**調音方法（調音様式）**、**有声性**、と呼ぶ。調音位置とは、喉頭から上、唇までの様々な部分（**調音器官**と呼ぶ）のことで、図8-2（次頁）を引用して示す。

喉頭の中に開閉する**声門**があって、**声帯**というゴム状の膜が振動すると声が生じ（**有声音**）、振動せずに気流が通過すれば声なしとなる（**無声音**）。口を大きく開けて鏡を見たときに、一番奥にぶら下がっているのが**口蓋垂**で、垂れているときは呼気が鼻むろ（鼻腔）に流れ、持ち上がると鼻への流れを塞いで口むろだけに流す。舌は柔らかい筋肉の塊で可動域が大きく、上顎のどの場所にも触れたり近づいたりすることができる。言語音の調音に用いられる場所として、後ろから順に、**軟口蓋**、**硬口蓋**、**歯茎**、**歯**、**唇**、がある。

調音方法としては、大きく、気流を鼻むろに流すか流さないか（前者

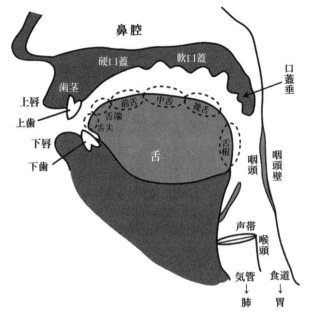

図8-2　調音器官　（佐久間・加藤・町田 2004、p. 24、一部加筆）

が**鼻音**）という違いと、気流を完全に遮断するか、狭めによって妨げる
が遮断はしないか（各々、**破裂音ないし閉鎖音、摩擦音**、両方の組み合
わせが**破擦音**）、という違いが大きい。このほか、ラ行子音で用いられ
る瞬間的に気流を遮断する音（**はじき音**）や、ヤ行・ワ行で現れる始め
だけ母音的な構えをする**半母音（接近音）**がある。

　図8-3に、調音位置と調音方法、それに無声／有声を合わせ、日本語
の子音全体を掲げる。ローマ字から推測できる音はいいとして、見慣れ
ない音声記号がいくつかあるだろう。実は、それらの記号は母音がイ段
とウ段の子音に集中している。先に見たように、**イとウは最も狭い母音**
（言い換えれば、子音に近い母音）であり、そのために**子音もイやウの
持つ成分を帯びるに至った**ものと考えることができる。というわけで、

調音方法による名称＼調音位置による名称		両唇音	歯茎音	歯茎硬口蓋音	硬口蓋音	軟口蓋音	口蓋垂音	声門音
破裂音閉鎖音	無声音	p	t			k		
	有声音	b	d			g		
破擦音	無声音		ts	tɕ				
	有声音		dz	dʑ				
摩擦音	無声音	ɸ	s	ɕ	ç			h
	有声音		z	ʑ				
鼻音	有声音	m	n			ŋ	N	
はじき音	有声音		ɾ					
接近音（半母音）	有声音	w				j	(w)	
備考（本文も参照）		[ɸ]は「フ」	[ts dz]は「ツ ズ(ヅ)」[ɾ]は「ラ」行	[ɕ tɕ]は「シ チ」[ʑ dʑ]は「ジ(ヂ)」	[ç]は「ヒ」[j]は「ヤ」行	[ŋ]は鼻濁音	[N]は語末の撥音	

図8-3　日本語の子音（と半母音）

（B）日本語では狭い母音イ・ウの子音に変異が多い

と記憶しておくとよいだろう。

　まず、シの子音は摩擦音だが、イの調音位置が硬口蓋付近のため、[s]よりかなり硬口蓋寄りに引き寄せられている。国際音声記号で[ɕ]と書かれる音が最も近い。英語の[ʃ]で書かれることもあるが、[ʃ]は口がすぼんだ形状なのに対して日本語の[ɕ]は口むろの中が平たく音が明るい。チの子音も調音位置が同じだが、こちらははじめに舌が上顎に付いて気流が遮断されている。そこから舌がゆっくり離れるため、閉鎖から摩擦音に移行する破擦音と呼ばれる音になる（音声記号も合字の[tɕ]で書かれる）。[ɕ tɕ]と対応するように[ʑ dʑ]という記号が見える。これがジとヂの子音だろうと思いたくなるが、少し面倒な歴史的事情がある。

　「ジ／ヂ」「ズ／ヅ」を合わせて「四つ仮名」という。かつてはザ行とダ行で異なる子音が用いられていたが、中世ごろにはすでに混同されるようになり、**ザ行は摩擦音でダ行は破擦音（元は閉鎖音）という区別がなくなった**。そのために、摩擦音の[ʑ]と破擦音の[dʑ]はどちらも人々

の発音に現れるが、もはや別々の音として区別されることはない。そうした次第で、**ジとヂの子音**はどちらも同じ[z～dz]となる（「～」の記号は"どちらでもよい"の意味で用いられる）。語頭で破擦音が出やすく、語中では弱くなって摩擦音が出やすい傾向はあるが、そうした規範があるわけではないので、ルールとして教えるといったこともない。**ズとヅの子音**についても同様の経緯があって、摩擦音の[z]と破擦音の[dz]がどちらも現れるが別音として区別されることはない。ちなみに、これらはいずれも有声音で、対応する無声音の「シ／チ」「ス／ツ」はというと、現代でも混同されることなくはっきり区別されている（声が付くと聞き分けにくいが無声音だと紛れないため）。

　ハ行音も子音にバリエーションが多い。ハヘホは声門の摩擦音である[h]だが、狭い母音のヒとフで調音位置が大きく異なる音となる。**ヒの子音**は、母音のイと同じ硬口蓋音である[ç]で、**フの子音**は、母音ウが多少帯びている円唇性によって両唇音の摩擦音[ɸ]となった。

　学習者の母語による影響が大きく躓（つまず）きやすい音として、**ラ行子音**にも触れておく必要があるだろう。日本語のラ行音は[ɾ]という音声記号で表される**はじき音**が典型的だが、rは英語話者にとっては舌が上顎に触れない接近音だし、イタリア語話者には巻き舌音で、フランス語話者には口蓋垂摩擦音で、中国語話者にとっては（舌先が反り返る）そり舌音という具合に、音声的にかなり違う音としてイメージされるため、習得の困難点になりやすい。学習者の母語によっては、ラ行音とダ行音やナ行音の混同なども見られる。

●有声／無声 対 無気／有気

　非常に基本的な区別でありながら、言語によっては少しだけ異なる基準によって似たような区別をしていることが原因となって、学習者の母

語に大きく影響されて学習者が手こずることになるものがある。日本語の**有声／無声の対立**（体系的な区別のことを対立と呼ぶ）がそれで、近隣言語である中国語や韓国・朝鮮語が似て非なる**無気／有気の対立**を採用しているために、学習者に混乱が生じやすい。

　この2種類の区別の違いに着目しながら日本語の特徴として述べるとしたら、

　（C）日本語は子音を声の有無で区別し、息の有無では区別しない

ということになる。このように書くと、「声」と「息」という別のものによる区別のように思えるだろうが、そうでもなく、"**タイミングの違い**"という側面が実は大きい。このことを説明してみよう。有声／無声の対立として例えば b 対 p があるとすると、それは、これらの子音を発音している時点で、b には声が付いていて p には声が付いていないという違いがあることになる。子音というのは後ろに母音が続くことが普通で、母音は声が付いている（有声音）から、ba 対 pa で考えれば、ba ははじめから声が付いているのに対し、pa は p の調音が終わってから声が付くことになる。声の有無という観点から見れば、この対立は、**声の始まりが子音の調音が完了する前か後か**、という違いである。

　では、息の有無とは何だろう？　息の音というのは、先ほど書いたように、肺からの気流が声帯を振動させることなく声門を通過する際に聞こえる音である。そうすると、上と同じ ba 対 pa の対で考えるとすれば、どちらも後ろの母音は声付きだから、**子音の調音と母音 a の始まりとの間に息の音だけが聞こえる部分があるかどうか**（どのくらいの長さであるか）、という対立であることになる。同じ b/p という記号で書かれても実際の音声は異なっていて、b では子音の調音から切れ目なく母音が始まるのに対して、p では子音の調音からはっきり遅れることがわかるように息の音を置いてから母音が始まる、という具合になる。以上を図

8-4に示す（各々、逆順になるが無声と有気の仕組みを先に掲げる）。

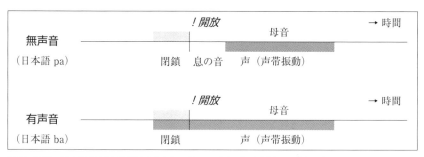

図8-4　無声／有声と有気／無気の違いの模式図

　p/t/k対b/d/gのような破裂音・閉鎖音の対が典型だが、それらの子音を発音するには、それぞれの調音位置で構えとなる（気流を遮断する）**閉鎖を作ってから開放する**ことになる（閉鎖を捉えた名称が閉鎖音、開放を捉えた名称が破裂音）。それぞれ、図中で「閉鎖」と「！*開放*」と書いたのがそれで、p/bなら「閉鎖」の部分で両唇が閉じていて、「！*開放*」のところで閉じた唇が一気に開く。閉鎖の部分を薄いグレーで示したが、それと合わせて見てほしいのが濃いめのグレーで示した区間で、それは声の付いている（声帯が振動している）部分に当たる。

　図の上２つが日本語的な無声／有声の対、下２つが中国語や韓国・朝鮮語的な有気／無気の対である。濃いめのグレー部分に着目するといい

だろう。無声／有声の対では、声付きの部分が「！*開放*」の時点を挟んで、後ろか前かで区別される形になっている。それに対し、有気／無気の対では、声付きの部分はどちらも「！*開放*」以降となっていて、直後に始まるのが無気音、それとの区別ができる程度に遅れてから始まるのが有気音、という違いであることがわかる。

　このように捉え直せばわかることとはいえ、実際の発音でのタイミングの差はわずかで、それが同じ文字記号で表されることも手伝って、学習者は多かれ少なかれ混乱を来すことになる。具体的には、とりわけ語中の位置だと（前後を母音に挟まれる影響から）息の部分が短くなりやすく、**日本語話者の発する無声音が無気音に聞こえてしまう**といったことが起こる。それで、「わたし」「あたま」といった語が「わだし」「あだま」に聞こえたり、質問の末尾に出てくる「ですか」が「ですが」に聞こえたりする。「ですか」と「ですが」では大違いということになるので、なかなか悩ましい。

2. 日本語のリズム単位「拍（モーラ）」

●特殊拍とその発音

　以上、日本語の母音と子音に関わる問題を見てきた。そこで触れなかった音がもう一群あるが、それを理解するには、音の並びの中で捉える必要がある。もう一群の音というのは、長音「ー」、促音「ッ」、撥音「ン」のことで「**特殊拍**」と総称される。特殊拍は二重の意味で特殊と言える。まず、これらは単独で立つことができず、必ず（子音＋）母音の後ろに付く形で用いられる。そしてもう一点、発音の問題があって、「ー」「ッ」「ン」という表記だけを見せられて発音せよと言われても、**それ単独では発音できないか少なくとも発音が決まらない**という共通点がある。

　では、特殊拍の発音はどのようにして決まっているのだろう？　母語

話者なら、考えたこともない人が大半と思われるが、これを説明しよう
とすると、なかなか複雑であることに気付かされる。長音はまだ容易で、
直前の母音をもう1拍延ばすと言えばよい。では促音はどうなっている
か、次の例について、ゆっくり発音しながら、下線部がどんな音声になっ
ているかに注意して確認してみてほしい。

（1）「い<u>っ</u>ぱい（一杯）」「い<u>っ</u>たい（一体）」「い<u>っ</u>さい（一切）」
　　　「い<u>っ</u>かい（一回）」

　「い<u>っ</u>さい」が一番わかりやすい。3拍目「さ」の子音[s]が2拍目「っ」
のところから開始されていることに気づいただろうか。[s]は摩擦音で、
摩擦音とはそのまま出し続けられる音（継続音という）なので、切れる
ことなく3拍目まで維持される。それ以外の語の3拍目の子音はp、t、
kといずれも破裂音（閉鎖音）で、2拍目「っ」の部分では、pなら両
唇を閉じた構え、tなら舌を歯茎に付けた構え、kなら舌の奥の方を上
顎の軟口蓋（柔らかい部分）に付けた構えをそれぞれして、その閉鎖を
維持したまま1拍分"待つ"ことが行われていたはずである。これらを
まとめると、促音の発音は、**直後の子音を先取りする形で、1拍早く構
えをして待つか（継続音なら）発音を開始する**、ということになる。（1）
の4語を音声記号で表すと、以下のようになる。

（1'）［ippai］　［ittai］　［issai］　［ikkai］

　いままで気が付かなかったという人も少なくないだろうが、撥音の発
音はさらに複雑となる。まずは次の例で、下線部の発音がどうなってい
るか、注意して確認してみてほしい（この場合はあまりゆっくりにしな

い方がよい）。

（2）「し<u>ん</u>ぶん（新聞）」「ほ<u>ん</u>とう（本当）」「イ<u>ン</u>ク」「うど<u>ん</u>」
　　　「お<u>ん</u>せん（温泉）」「で<u>ん</u>わ（電話）」

　「ほ<u>ん</u>とう」「イ<u>ン</u>ク」あたりで気が付いたかもしれない。「ほんとう」
では、2拍目「ん」のところで舌先が歯茎に付いていたが、「インク」
になると、舌の奥が軟口蓋あたりに付いていなかっただろうか？　そう
思ってあらためて確認すれば、「しんぶん」の2拍目では両唇が閉じて
いる。それぞれ異なる音だということになるが、それはなぜかというと、
いずれも**3拍目の子音と調音位置が同じ（近い）鼻音**だからである。「う
ど<u>ん</u>」では後ろがなく、典型的には口むろの一番奥、口蓋垂の鼻音にな
ると言われる（個人差もある）。
　さて、「お<u>ん</u>せん」と「で<u>ん</u>わ」はどうだっただろうか？　上の説明
をここでも実行すると困ったことになる。「おんせん」のsと同じ調音
位置の鼻音は[n]となる。だが、[ns]とつながると、一度歯茎に付いた
舌が離れる際に[ts]のような音が生じてしまう。「でんわ」でも同様に
鼻濁音の[ŋ]のような音がしてしまう。普通に発音してそうした音が聞
こえないということは、これらの場合に舌は上顎のどこにも触れていな
いことを意味する。それはどういう音かというと、一種の**鼻母音**という
ことになる。このように、撥音を発音する仕組みはとても複雑で、なる
べく簡潔に整理しようと思ってもそれほど短くはならない。（2）の6
語も音声記号で表しておこう。

（2'）［ɕimbɯɴ］　［honto:］　［iŋkɯ］　［ɯdoɴ］　［oũseɴ］　［deũwa］

とりあえずのまとめとして、特殊拍の発音の仕組みを整理しておく。

特殊拍の発音の仕組み

・長音「ー」

　　直前の母音を１拍分延長する

・促音「ッ」

　　直後の子音の構えをしたまま１拍分待つ

　　継続できる音（摩擦音）の場合は１拍分早く開始する

・撥音「ン」

　　直後の子音と調音位置が同じ１拍分の鼻音になる（大原則）

　　舌が上顎に触れない音の前では１拍分の鼻母音になる

　　（直後の音：母音、半母音、摩擦音ｓｈ）

　　語末では１拍分の口蓋垂鼻音になる

●音節と拍（モーラ）

　さて、ここまで来て、日本語の音声面における最大の特徴と言える「拍」の話に入ることができる。その名のとおり、そして俳句や短歌で音数を数える際の単位でもあるように、拍はリズムの単位である。数えるといえば、外国でも詩を作る際には音数が問題となり、その単位として「モーラ（mora）」という用語がある。日本語の拍もモーラと呼ばれる。

　いま見た特殊拍は、自律的な要素ではないが１拍を担うことのできる単位と言うことができる。特殊でない拍も存在するわけで、通常の五十音に相当する（子音＋）母音のユニットも、拍という点では同等である。これら２種類の拍は、通常の拍の後ろに特殊拍が付くという形で組み合わさる。どのような並び方になるかを、図8-5に示す。

子音	半母音	母音	特殊拍 （母音的）	特殊拍 （子音的）
p b m t d n s z c r k g h	j w	a i u e o	R	Q N
/c/は 「チツ」		長音「ー」	促音「ッ」 撥音「ン」	
1拍（1モーラ）		1拍（1モーラ）	1拍（1モーラ）	
1音節				

図8-5　日本語の拍の配列（音節構造）

前節で母音と子音を概観した際には音声そのものの表記を用いたが、ここでは音素と呼ばれる一段抽象的な機能単位（「五十音」に近い）で表記している（*）。図の左半分が長そうに見えるが、子音等は母音の頭に付くだけで、拍を担うのは母音だから**左半分全体で1拍分**となる。右半分には特殊拍が並んでおり、下で見るように特殊拍同士もつながることができるので、1拍分ずつを担うことができ、**右半分全体では2拍分**となる。

（*）[音声]と/音素/について

例えば、ハ行の子音は[h ç ɸ]と多様だが、使われ方としては「ハ行」という括りに収まるという理解から、音素/h/のもとにまとめる。「五十音」における母音の「段」と子音の「行」は音素的な発想で、ローマ字表記された五十音という趣になる。異なる点としては、チとツの子音が破擦音というタテト（こちらは破裂音）とは別種の音になることから、/c/の音素を別に立てることと、ヤ行にローマ字

のyではなく /j/ を当てる。表記の際、音声なのか音素なのかを明示する場合、音声には [　] を、音素には /　/ を用いる習慣がある。特殊拍の音素表記には、長音に /R/、促音に /Q/、撥音に /N/ が用いられることが多い。

　さて、学習者の大多数は、「拍（モーラ）」という単位を知らないか、少なくともなじんでいない。一方、世界の言語が例外なく持っている音のまとまりの単位は「音節（シラブル）」というもので、当然日本語も音節がリズム単位だと思っている。音節でのカウントと拍でのカウントが同じになる場合はいいが、ずれる場合にはリズムが不自然な日本語になってしまう。図8-5をもう一度見てもらうと、一番下に「1音節」とあって、左右を通した全体をカバーしている。ここがポイントで、音節とは自律的な母音を中心として前後に子音などが付いたまとまりのことなので、図に描かれた

[子音＋半母音＋ 母音 ＋特殊拍（母音的）＋特殊拍（子音的）]

という音のまとまり全体が1音節ということになる。このまとまりが「1音節」だからリズムとしても「1」だと思ってしまうと、音節と拍のカウントがずれてしまう。なぜなら、日本語のリズムは音節ではなく拍で取るので、このまとまりは「3」拍として意識されるからである。

　図の各スロットから音を選んでつなげると（母音は必須として）、1拍から3拍までの様々な語ができる。表8-1にその例を掲げる。「ほっ」や「ワン」のような語が1拍ではなくて2拍であること、「ビューッ」や「チーン」が3拍であることなど、すぐには体得しにくいかもしれない。他方で、表記上2文字になる「ちゃ」「ニャア」など拗音の類では文字数より拍数が少ないことになるため、注意が必要となる。

表8-1　1音節語いろいろ

拍（モーラ）数	1音節となる音の組合せ例					語例
1拍（1モーラ）			e			え（絵）
	w		a			わ（輪）
	s		u			す（酢）
	c	j	a			ちゃ（茶）
2拍（2モーラ）	n		e	R		ねえ
	j		a	R		やあ
	h		o		Q	ほっ〔と〕
	n	j	a	R		ニャア
	w		a		N	ワン
3拍（3モーラ）	b	j	u	R	Q	ビューッ
	c		i	R	N	チーン

●リズムとしての拍

　拍の感覚は全般的に習得の困難点となるため、メトロノームのように等間隔のものとして拍を捉える（「拍の等時性」という）ことを意識したい。教室ではそのための様々な工夫がなされるところだが、拍を意識して作られた詩や歌などを取り入れることも一法だろう。例を1つ挙げる。

（3）谷川俊太郎「かっぱ」（の後半）

　　かっぱなっぱかった　　　　　（カッパ菜っ葉買った）
　　かっぱなっぱいっぱかった　　（カッパ菜っ葉一把買った）
　　かってきってくった　　　　　（買って切って食った）

これは、拍のリズムで、

|か|っ|ぱ|な|っ|ぱ|か|っ|た|

と読まないと日本語らしく聞こえず、音節リズムで読んでしまうと、

|かっ|ぱ|なっ|ぱ|かっ|た|

のような不自然な区切りになってしまう（英語話者的な印象ともなる）。

　特殊拍のリズムで、最も学習者の苦手になりやすいのは、**長短の区別**であるだろう。明らかに超級で日本語でのコミュニケーションに何ら不自由ないレベルの人でも、例えば「電話のベールが鳴って」のように、不思議と長短の区別を間違えるのをよく耳にする。初級であれば、次のような長短のペアが問題となるだろう。

（4）おじさん　　　対　　おじいさん

　　　ビル　　　　対　　ビール

　　はと（鳩）　　対　　ハート

　　ちず（地図）　対　　チーズ

　　かれ（彼）　　対　　カレー

これらの区別に慣れるには、他愛もないが、「おじさんのおじいさん」「ビルでビールを」「はとのハート」「チーズの地図」「彼のカレー（おいしい）」といった長短両方を含んだフレーズなどを利用するとよいだろう。上の例にも多いが、外来語は原語の音からも隔たりがあるため（例 ×「バナーナ」「コーヒ」）、学習者にとっては迷惑とも言えるような面倒さがある。

　以上、少し詳しく見てきたが、日本語の大きな特徴として、

　(D) 音節とは異なる拍でリズムが構成される言語

だという点が、母語話者の意識よりもはるかに大きいと言える。

3. 日本語のアクセント

　最後に、語にかかる音の高低についても少し触れておきたい。**語を区別するのに使われるのが「アクセント」**で、英語などでも使われるが、英語の場合、リズム単位は音節でアクセントは強弱という方式なので、日本語と大きく異なる。（2音節以上の）語は強い音節と弱い音節からなり、アクセントのある音節は強く、長く、明瞭に発音され、アクセントのない音節は弱く、短く、不明瞭に発音される傾向がはっきりしている。**日本語では強さが意味に関わることはなく**（情緒的な要素が加わるのみ）、アクセントはあくまで音の高低であり、長短についても、（先に見たように）それが異なればそもそも別語になってしまう。

　日本語（共通語）の音の高低も律儀に拍（モーラ）が単位で、特殊拍の直前で高低が変わることも普通にある。以下、高い／低いを（high/lowの頭文字を取って）Ｈ／Ｌで表し、高低が変わった特殊拍に下線を付す。

（5）ハート［ＬＨＨ］　バント［ＨＬＬ］　ぱたん［ＬＨＬ］

語単独のレベルに関しては、有名な例、

（6）はし〔が〕（箸）［ＨＬ〔Ｌ〕］　はし〔が〕（橋）［ＬＨ〔Ｌ〕］
　　　はし〔が〕（端）［ＬＨ〔Ｈ〕］

のように、基本的な語がアクセントによって区別されるので、アクセントも覚えないわけにはいかない。

　共通語のアクセントは、

　　１拍目と２拍目の高低は必ず異なる

　　同一語内で一度低くなったものは再び上がらない

という共通の性質を持っているので、記憶する多少の助けにはなる。とはいえ、低始まりで高くなった（ＬＨ）ものが下がる位置として、すべての拍境界があり得るため（下を参照）、（後ろに助詞などが付いても下がらない）上がりっぱなしのものを含め、**(語の拍数＋１) 通りのパターン**があることになって、記憶の負担は大きい。例として、３拍語のアクセントパターンはこのようになる（型の名称も添える）。

パターン	語例	型の名称
ＨＬＬ	みかん、トマト	頭高型
ＬＨＬ	たまご（卵）、あなた	中高型
ＬＨＨ〔Ｌ〕	おとこ（男）、おんな（女）	尾高型
ＬＨＨ〔Ｈ〕	りんご、とけい（時計）	平板型（下がらない）

　それでも、苦労して覚えた語のアクセントがいつでもその通りであってくれれば、覚えた甲斐もあると言えるが、学習者をがっかりさせる現象が待っている。それは、

　　アクセントは語と語が結合すると簡単に変わってしまう

ということで、例えば、頭高型の「みかん」や「トマト」でも、

（７）みかん＋はたけ → みかんばたけ（ＬＨＨＨＬＬ）

　　　トマト＋ジュース → トマトジュース（ＬＨＨＨＬＬ）

のように低始まりの句に変わってしまう。もっとも、語が結合してできた句はこうしたなだらかな山形になるものが多いので（残念ながら高始

まりの場合もあるのですべてではない）、その山をひとまとまりとして
聞く習慣ができれば楽になるだろう。

参照文献

佐久間淳一・加藤重広・町田健（2004）『言語学入門　これから始める人のための入門書』研究社

9 │ 日本語の構造③文字・表記

滝浦真人

《**目標＆ポイント**》　世界の諸言語と比べたとき、日本語の最も際立った特徴と言えるのは、その文字と表記である。"1文字＝1語"の表語文字である漢字と、音を表す表音文字の仮名を完全に併用し、さらには仮名にもひらがなとカタカナという2つの体系を併用している言語は、歴史的にも珍しい。ひるがえってこの特徴は、学習者には非常に大きな負担となり、習得上の困難点も多く生じることとなる。母語話者と学習者のギャップが大きい文字・表記について、学習者目線での難しさをよく理解しておきたい。

《**キーワード**》　表語文字、表音文字、「訓読み」、ひらがなの不規則性、送り仮名、「四つ仮名」

1. 日本語は漢字で書きやすいか？　仮名がなぜ必要か？

　文字の表記に関して日本語的な特徴を挙げるとすれば、

（A）表語文字である漢字と表音文字である2種類の仮名を併用している

という点が、最も大きくまた最も顕著である。「表語文字」とは、文字が文字であると同時にそのまま単語でもあるものと理解してもらえばよく、文字が基本的に音を表すだけの「表音文字」とは仕組みが大きく異なる。仕組みの異なる複数の文字体系を併用することは、諸言語が用いているアラビア数字（1, 2, 3, …）が表語文字である（各言語とも、「1, 2,

3, …」という表記に 'one, two, three, …' のように自言語の単語を当
てているから）という例外を別にすれば、歴史的に例が少ない。

　日本語がそのようなレア・ケースになった原因を考えてみよう。言う
までもなく、**異言語・中国語の文字である漢字を借りて日本語を書くよ
うになった**ということ自体が大きな原因ではあるが、しかし、それで簡
単に書けるのなら、**仮名という新たな文字体系を発明する必要はあまり
ない**（もし借りたのがアルファベットだったら仮名は必要ないと言え
る）。肝心なのは両言語の関係にあって、**日本語という言語が、文字を
借りた中国語という言語と大きく性格が異なっていた**という点が見逃せ
ない。第7章で見たように、日本語は文法的要素を後ろへ重ねていき、
かつそれらがいちいち語形変化をするという特徴があった。一方、中国
語はそもそも語形変化がなく、文法的要素も、語順や単語で表す方式を
採る。つまり、中国語はこのような性格の言語だったがゆえに、1つず
つの単語を文字として表すようなシステムが発達したと考えられる。言
うなれば、**漢字は中国語に最適化された文字**だと言うことができ、実の
ところ、そうした事情とは全く無縁で言語構造が大きく異なる日本語を
書くのは容易でなかったと言うべきだろう。そうして、偶然にではなく、
漢字だけではカバーできない部分を補う必要があって仮名が発明された
ということになる。

　現代の日本語の表記を学習者が学ぶときの面倒臭さも、かなりの部分
がここから生じてくる。日本語の**語種**については第10章で詳しく見ると
して、漢語はそのまま漢字で、和語は仮名で、と領分が決まっていれば
まだいいが、漢字の「**訓読み**」（後ろで詳しく見る）という方式が定着
して以降、和語なのに漢字で書いて、しかも読みは和語風という驚くべ
き利用法が慣行となった。だがこれは、学習者からすれば、苦労して覚
えた漢字が、およそかけ離れた2通りの "読み方" で使われることに（少

ない手がかりに頼りながら）対応しなければならないことを意味するので、実はとても負荷が大きい。そして、その２通りの“読み”は仮名でしか表せない。

　もう１つ、中国語を書く文字としての漢字には想定されていなかった表記の必要性というのがある。それは日本語の動詞や形容詞、さらには助動詞までもが**語形変化（活用）**するという事情と関係していて、漢字でそれらの語の語幹（不変化部分）だけを書いたのでは、実際にどういう変化形になるのかわからない。そこで行われるようになって定着したのが、「**送り仮名**」という慣行である（これも後ろで見る）。こちらは、細かな音の変化を表したいということだから、仮名という文字を手にしていれば仮名に担わせるのが最適と言えるが、実際問題、学習者にとってはどこまでを漢字にしてどこからを送り仮名にするかなど、それほど自明ではない慣行に対応しなければならないという問題が生じる。そのほか、**擬音語・擬態語（オノマトペ）**なども、（中国語由来でなければ）漢字で書いても仕方がないので、仮名書き（この場合はとりわけカタカナ）の必要性が高いと言える。

2.　漢字の難しさ

　では、ここから、学習者目線に立って、漢字のどこが難しいか、（母語話者には気づきにくい）仮名の落とし穴などについて、具体的に見ていくことにしよう。まず本節では、漢字にまつわる問題を取り上げる。

　日本語教育で「**漢字圏／非漢字圏**」という言い方をする。読んで字のごとく、表記法として漢字を用いる国や地域（言語）かそうでないかという区別だが、現在では実質的な意味があまりなくなっている。21世紀の現在、**文字表記に漢字を使用しているのは、中国、香港、台湾という中国語圏**（マレーシアやシンガポールの華僑も含め）以外では、**事実上**

日本（語）だけになりつつある。

　20世紀半ばまでは朝鮮においても漢字が使われていたが、戦後になって脱・漢字への舵切りによってハングル化が促進され、人の名前の表記や新聞などでの同音異義語の区別のために補助的に用いられるに留まっている（韓国では自分の名前を漢字で書けない人がすでに多数との報告もある）。古くは中国の支配下にあったベトナムでも、戦後ローマ字化が行われ、漢字は使われていない（人々も漢字や漢語を知らない）。そうしたわけで、日本語を習うまで、**中国語圏以外からの学習者は漢字をほぼ知らない**。さらに言えば、日本人が中国の簡体字を見て何の字か見当がつかないことがあるように、中国語圏といえども学習者が日本語の漢字を見てわからないこともあるので、やはり対応は必要となる。

　漢字を知らない学習者にとって、漢字は複雑で謎めいた絵のようにしか見えない。絵といっても、生きた象形文字と呼ばれるトンパ（東巴）文字のようであれば、意味も想像できていいかもしれないが、（図9-1）漢字は、字形がそのまま意味を表すという意味での**「表意文字」** と呼べるほどの表意性は大方失っている（本章の冒頭で漢字を「表意文字」と呼ばなかった理由でもある）。その意味ではむしろ、漢字が歴史的に字数を増やしていく過程で採用した**造字法の規則性**に着目する方が、文字体系としての漢字への興味を惹きやすいとも言える。

僕は君を心の底から愛している。
I love you from the bottom of my heart.

図9-1　トンパ文字の例　出典:「トンパ文字　生きているもう一つの象形文字」マール社、1996年4月刊、王超鷹著（Maar-sha Publishing Co., Ltd./Created by Chaoying Wang 1996）

単純な象形文字から出発するとしても、それが "絵" であることを強調するよりも、造字の原理をフォーカスする方が、体系を意識しやすい。例えば、「木」は（1本の）木だが2つ重ねると「林」になり3つだと「森」になる、あるいは、「火」を重ねると「炎」になる、といった造字は、「会意」の原理に基づいている。また、漢字全体の最多数を占めるに至った「形声」による文字は、音を表す音符と意味カテゴリーを表す意符（意味そのものではないことに注意）とで構成されるから、様々な方法でその点に着目させることも有効である。例えば、音符が「青」である字としては「晴、清、精、静、靖、情」などいくつもあり、偏と旁をばらばらにしたクイズやゲームなどで馴染んでもらうこともできる。

柳澤（2022）は、漢字を知らない学習者にとっての漢字の難しさを簡潔にまとめている。まず、字形に関して、少々違っても問題ない違いと、そこが違

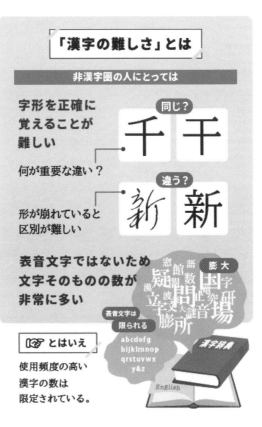

図9-2　漢字の難しさ（柳澤 2022）

うと別の字になってしまう違いの線引きがわからない。図を引用したが、「千」と「干」は図形的にはきわめて近いにもかかわらず別々の字である（悩ましい）。他方で、手書きで崩した字と活字体では、図形的にはかなりの相違があるにもかかわらず、文字としては同じであったりする。元号が「令和」になって間もない頃、「令」の字の"正しい"書き方が取り沙汰されたが、「令」の字の下方は、手書きだとカタカナの「マ」のように書く人が多いだろう。図形的にはかなりの違いだが字としての同一性には影響しない。こうした点はいちいち学習者の負担となる。

　表語文字である漢字は、語の数だけ文字があるようなことになるため、文字数が膨大になるという宿命を負っている（清朝に編まれた『康熙字典』が4万7千字ほど、世界最大の漢和辞典『諸橋大漢和辞典』の親字が5万字ほど）。とはいえ、実用的には、300ほどの漢字を覚えれば、日本の新聞で用いられている漢字の約85%がカバーされるとのことで、漢字の数自体はそれほどの負担源とはならないとも言える（柳澤 2022）。

●「訓読み」は日本語だけ

　以上は漢字という文字そのものにまつわる問題だった。ここからは、日本語の漢字との付き合い方に関わる話となる。日本の小学校で漢字を習い始めるとき、例えば「山」や「川」や「木」という漢字をどう教わるだろうか。先生は黒板に「山」の字を大きく書いて、「これは『やま』という漢字です」と言うだろう。同様にして、「かわ」や「き」の漢字を教わっていく。だが、思えば漢字とは中国語から借りた文字であり、そうなら、「山」は「サン」で「川」は「セン」で「木」は「ボク・モク」ではないのだろうか？　屁理屈がうるさいと怒られそうだが、「やま」や「かわ」や「き」は元々日本語にあった大和言葉であり、したがって、このような教え方は、**漢字に自国語の単語を直接に当ててしまうやり方**

なのだということを、ぜひここであらためて意識してほしい。

　なぜかというと、漢字圏の言語でも、漢字を自国語の単語で呼ぶ（いわば漢字に自国語の名前を付ける）ことを慣行とするのは、実のところただ1つ日本語だけだからである。日本でこの方式は「訓読み」と呼ばれている。お隣の韓国・朝鮮語で、「月」は"ウォル"、「つき」は"タル"のような言葉が対応するが、漢字「月」を"タル"と呼ぶ（読む）ことはない（簡単に言えば、漢字には"音読み"しかないことになる）。というわけで、ここに、日本語の文字・表記に関するきわめて大きな性格付けが現れてくる。

（B）漢字に自国語の単語を当てて読む「訓読み」は日本語でのみ定着した

　日本語の母語話者は、漢字で書かれた言葉を見たとき、実は瞬時に次のような判断（予測）をしているように思われる（図9-3）。

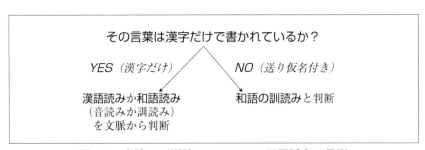

図9-3　音読み／訓読みについての母語話者の予測

　母語話者は長い経験の蓄積から、形を見ただけでその語の読み（漢語読み＝音読み／和語読み＝訓読み）を判断することができてしまうが、学習者はそうは行かないし、送り仮名の問題（次節で見る）も加わってくる。

　それらばかりか、音読みも訓読みも一通りではなく、複数の読み方が混在している。**音読み**では、中国から日本に伝わった時代（や方言）の違いを反映して、「**呉音／漢音／唐音**」といった**漢字音（字音）**のバリエーションが存在する（中国の王朝名ではないことに注意）。例として、漢字「明」と「京」の３種の漢字音を表9-1に掲げよう。

表9-1　漢字音の３種と例

例 ＼ 字音	呉音	漢音	唐音
明	ミョウ	メイ	ミン
京	キョウ	ケイ	キン

　「訓読み」にはさらに多くのバリエーションが存在する。なぜなら、上の導入で気づいた人も多いかと思うが、実のところ「**訓読み**」とは漢字の“読み方”ではないからである。“文字＝語”でありそれゆえ“漢字＝漢語”であるものを日本語に翻訳するとしたらどの語に相当するか（近いか）を探して当てたものだと言うのが最も正確だろう。つまり、**訓読みとは漢字＝漢語を翻訳した“和語の訳語”**のことであり、この点は学習者にもぜひわかってもらえるといいだろう。そうでないと、「**なぜ日本語の漢字にはこんなにも無節操にいろんな読み方があるのか？**」との疑問が頭から離れなくなってしまう。

　「訓読み」が訳語であることから、歴史上無数の人が同一の漢字に様々な和語を当ててきた経緯がある。現在何となく一定の読みが決まっているように思えるのは、国が「**常用漢字表**」のような漢字表を定めて、公用文で用いられる**音と訓の読み**をそこに登録しているからにすぎない。公用文でない一般の文章では、書き手の想像力と表現の欲求に応じて、とても多様な和語が当てられている。そうして、時に１つの漢字に10通

り以上もの読み方が登録されるようなケースも生じてくる。インターネット上には、読み方の多い漢字を紹介しているサイトなどもある。1つ紹介すると、そこでは「生」と「下」が取り上げられており、音／訓それぞれに、次のような読みが挙げられている（ともに計12通り）。

「生」
音読み　「セイ」「ショウ」
訓読み　「いきる」「いかす」「いける」「うまれる」「うむ」「おう」
　　　　「はえる」「はやす」「き」「なま」
「下」
音読み　「カ」「ゲ」
訓読み　「した」「しも」「もと」「さげる」「さがる」「くだる」
　　　　「くだす」「くださる」「おろす」「おりる」

（ウェブサイト「漢字辞典」<https://kanjitisiki.com/question/012.html>より；2023年2月閲覧）

　最後に、こうした「訓読み」がなぜ他の言語では起こらず（定着せず）に日本語だけで確固たる習慣となったのかの背景要因についても触れておきたい。まず、第8章で見たように、日本語の音のレパートリーは多くないので、より音が多い言語（中国語もそうである）から言葉を借用すると、日本語では区別できずに同音になってしまうケースが生じることになる。さらに大きいのは、中国語では、すべての母音が、固有の音価だけでなく、声のトーンによる音調（**声調**）によっても別々の音として区別されることで（中国語の標準語では各母音に4つ、広東語やベトナム語では6つの声調がある）、声調がない日本語に入ると、単純計算

で同音語が４倍といった規模になってしまう。

　１字の漢字で書かれる語として、例えば、日本語では「コウ」となってしまう漢字が、普通の辞書でも数百のレベルで見出しに立つことになる。こうなると、せっかく漢字で日本語を書けるようになっても、声に出して読んだら同音異義語だらけになってしまい、ちっとも語が区別できないことになる。それを回避するには、文字＝語の意味の側に着目し日本語側で相当する和語を漢字自体に貼り付けてしまうことが、手っ取り早くまた効果も大きい、ということで、自然発生的に定着したものと思われる（訓読みの定着は室町時代ごろと言われる）。

3. 仮名はなぜ２種類も？

　漢字の問題はたしかに厄介そうだが、それは「表語文字」であるという漢字の性質に起因する部分が大きく、「表音文字」である仮名では、あまり厄介な問題は生じないのではないか？とも思われるかもしれない。母語話者の意識とはそのようなものとも言えるが、いざ、それを知らない人に教えようとすると、なかなか説明に困るような不規則性に満ちていることを実感することになる。

　まず、説明に困る一番大きな問題は、日本語にはなぜ仮名が２種類もあるのか？ということだろう。ひらがなとカタカナという２つの体系が併存し、各々が表しているもの（音）は同一であると思われるのに、１つに収斂することもないまま今日まで生きているのはなぜか？との問いは、重要な問いだが普通の母語話者で答えられる人は少ないだろう。しかも、ちょっと調べてみれば、この２つの仮名は、成立した時代も９世紀初めごろとほぼ同時期で、その時期とは、『古事記』などで漢字を用いながら日本語が日本語として書かれるようになってから１世紀ほどしか経っていない時期であることがわかる。日本語が書けるようになった

ら、日本人はさっさと漢字を元にした表音文字を作り、**表記法を日本語に最適化**しようとしたのだと言うことができるだろう。

　それはいいとして、問いは、なぜ2種類か？ということだった。それ以降ずっと併存してきたということは、それぞれに**期待される用途ないし役割が異なっていたから**、と考えるのが最も穏当である。実際、2種類の仮名は、作った人々が異なることがわかっている。**カタカナ**は、寺院の学僧たちが、**漢籍を日本語風に読むために考案した補助記号**として誕生した。漢字（漢語）の読み方をはじめ、漢文には書かれていないテニヲハのような文法的要素などを補って日本語風に読むために、漢字の部首などを取り出して漢文に添えるように記された（阿→ア、伊→イ、宇→ウ、江→エ、於→オ、等々）。他方、**ひらがな**は、男性貴族が業務用に漢字を崩して書くようになったのが始まりとされるが、その後、男性が漢文調で書くのに対し、**歌を詠んだり日記や物語を書く女性たち**に広まった（安→あ、以→い、宇→う、衣→え、於→お、等々）。

　2つの仮名の目的や用途が元々異なっていたという面は、後代の使われ方にも受け継がれてきた。外国語を読む際の補助記号として誕生した**カタカナ**は現在、**外来語や、音そのものが重要な擬音・擬態語（オノマトペ）の表記**に用いられている。他方の**ひらがな**は、基本的に和語の表記に用いられるが、先に見た漢字の「訓読み」によって和語でも漢字表記がかなり行われるため、**文法的要素などを受け持つ文字**としての比重が大きくなっている。

●表音文字ひらがなの非表音的な使われ方

　目的と用途が違っても、表音文字としての性質には変わりがないならば、説明に困るような不規則性も特には生じてこないはずである。ところが実際には、**音に忠実なカタカナと和語という言葉を表記したいひら**

がなの違いと言いたくなるような、用いられ方の相違が存在する。どのような表れとなるかというと、表音文字であるはずなのに、実際の音声を反映しない、いわば"非表音的"な使い方が慣習化しているケースがひらがなに見られる。その代表例が、**助詞「は／を／へ」**を、発音どおりに「わ／お／え」と表記していないケースである。あえて古い表記を変えずにおくことで、ただの音（の符号）ではなく、れっきとした1つの単語だということを強調しているようにも見える。

　この程度ならまだ楽だが、ひらがなにおける**長音**の表記というのが、なかなか厄介である。ア／イ／ウ段は普通に、「あ／い／う」の後ろに同じ「あ／い／う」を続ければよい。

（1）**ア／イ／ウ段＋あ／い／う**
　　おか<u>あ</u>さん、おば<u>あ</u>さん
　　に<u>い</u>さん、おじ<u>い</u>さん
　　く<u>う</u>き（空気）、ふ<u>う</u>ふ（夫婦）

　ところが、エ段とオ段になると、ややこしいことになってくる。エ段は、「え」を続けるのが原則とされるが、該当するのはたった2語だけで、

（2a）**エ段＋え　（原則）**
　　おね<u>え</u>さん、え<u>え</u>（応答の言葉）　（この2語のみ）

ほかのエ段はすべて、次例のように、「い」を続けなくてはならない。

（2b）**エ段＋い　（原則以外）**
　　かれ<u>い</u>、え<u>い</u>が（映画）、とけ<u>い</u>（時計）、て<u>い</u>ねい（丁寧）

オ段になると原則まで変わり、「う」を続けることになる。

（3 a） **オ段＋う　（原則）**
　　　おと<u>う</u>さん、と<u>う</u>だい（灯台）、おはよ<u>う</u>（早）、
　　　はっぴょ<u>う</u>（発表）、きょ<u>う</u>（今日）、ちょ<u>う</u>ちょ<u>う</u>（蝶々）

オ段で「お」を続けることもあるが、こちらは、歴史的仮名遣いでオ段
＋「ほ／を」のつながりだったものだという。

（3 b） **オ段＋お　（原則以外）**
　　　お<u>お</u>やけ（公）、こ<u>お</u>り（氷）、ほの<u>お</u>（炎）、と<u>お</u>る（通）、
　　　お<u>お</u>い（多）、お<u>お</u>きい（大）、と<u>お</u>い（遠）

　このような不規則性が生じるのは、やはりかつての表記との関係が考
慮されたりすることに加え、漢語において中国語音（特に―ng）を漢
字音にどう当てるかといったことが関係していると思われる。音よりも
語としてのまとまりに意識があるとも言えよう。
　長音というのは母音を1拍分延ばすということだが、それがひらがな
ではこれだけ面倒な話になる。では、もう1つの表音文字カタカナでは
どうだろうか？　実は、カタカナだけに認められる文字（符号）という
のがあって、それがまさにこの**長音符号「―」**である。カタカナの主戦
場は外来語の表記なので、原則この「―」を用いればよい。外来語以外
では、擬音・擬態語（オノマトペ）が代表的で、やはり「―」が用いら
れる。ただし、上で挙げたような非外来語をあえてカタカナで書く場合
は、ひらがなと同じ表記法をすることが多い。
　以上、ひらがなとカタカナという2種類の表音文字の性格を、各々の

役割分担という観点から述べるならば、

　（C）**言葉のまとまりを意識させるひらがなと音に忠実なカタカナ**

という大きな傾きがあると言うことができるだろう。

●送り仮名の悩ましさ

　ひらがなが文法的要素を受け持つというときの主たる活躍の場は、「**送り仮名**」である。母語話者でも迷ったり間違ったりすることも少なくないが、母語話者は**慣れと勘**のおかげで、大体理解していると思うことができている。ところが、送り仮名の付け方を知らない人にこれを説明しようとするや、どれだけ**不規則的で例外や揺れの多い領域**であるかを思い知らされることになる。その本質的な原因は、「送り仮名」とは漢字に仮名を補っているのではなく、元々和語でありひらがなで書いていた言葉に、訓読みによって漢字を当てるようになったとき、**どこまでの部分を漢字に担わせるか？という線引き**をする手段であるところにある。

　「送り仮名の付け方」という文書があり（1973年内閣告示 <https://www.bunka.go.jp/kokugo_nihongo/sisaku/joho/joho/kijun/naikaku/okurikana/mikata.html>）、送り仮名を付ける通則と例外と許容などについて説かれている。通則は一見すると整然としているかのようである。通則をさらに整理してコンパクトに示す（丸数字は内容的に対応する通則の番号）。

・活用のある語
①活用のある語は活用語尾を送る
②④別語から派生や転成によって作られた語は元の語の送り方とする
⑥語と語が複合したものは各々元の語の送り方とする
・活用のない語

③日常卑近な名詞は送らない
③⑤抽象的な名詞や副詞・連体詞・接続詞は最後の１音を送る

　①はわかりやすく見え、「書く」「走る」といった例がすぐ浮かぶ（いずれも１グループ動詞［五段動詞］）。ところが、２グループ動詞（一段動詞）になると、「生きる」「考える」といった表記になる。現代語の語幹（不変化部分）は「いき」「かんがえ」だから「生る」「考る」になるかというとそうではない（おそらくこれらは歴史的に二段活用動詞だったということで「き」「え」からを活用語尾と見るらしい）。さらには例外もいくつか示され、イ形容詞で「―しい」の形をした語は、「し」までが語幹のはずだが、「美しい」「惜しい」のように「し」から送るとされる（理由はおそらく接尾辞「―しい」との並行性）。

　②④の例は、「動かす」＜「動く」や「変わる」＜「変える」のようなケースで（「＜」は矢印のように読む）、各々左側の語だけで考えると語幹が「うごか」「かわ」だから「動す」「変る」となるところを、元の語「動く」「変える」と同じ方式として「動かす」「変わる」とする、というものである。いまこの説明を読んで、自分はこんなことを普通にしていたのか（！）と驚いている読者がたくさんいることと思うが、説明しようとするとこんな面倒な話になってしまうのが「送り仮名」だと言える。

　活用のない語で、③は「花」「鳥」「女」「彼」のような例を見れば、当たり前のように思える。一方、不可思議とも見えるのが③⑤で、「勢い」「後ろ」「幸せ」といった名詞、「必ず」「全く」「及び」といった副詞・接続詞が、実は「最後の１音」をわざわざ送っていただけなのかと知らされてポカンとするような感覚がないだろうか？

　こんな複雑怪奇なシステムをどうやって学習者に教えられるのかと暗

澹たる気分にもなりそうだが、ちょっと発想を変えて、このように定めて何がしたいのだろう？と考えてみると、少し希望の光も見えてくるかもしれない。最後のケースがヒントになる。なぜわざわざ1音だけ仮名を送るのかと考えると、仮名なしで漢字だけで書いた場合、漢語なのか和語なのかの区別が付きにくくなることや、訓読みが複数定着している場合には、どの読み方なのかがわからないことになる。そう思って活用のある語の例を見ると、「考る」でもよさそうだが、転成名詞になったとき、その方式だと「考」となって上の問題が生じてしまう、あるいは、「変る」でよしとすると、読みが「かわる」なのか「かえる」なのかがわからないという問題が生じてくる。こうしたことを考えると、送り仮名の仕組みは、その語が和語であることを示しつつ、（できるかぎり）読み方を一通りに指定する、というところにあると言えるだろうか（でも悩ましい）。

●「四つ仮名」問題

　前に音声・音韻の第8章でも見たが、狭い母音イ段とウ段の子音は、バリエーションや史的変化など何かと話題が多い。その1つで、ジ行／ヂ行とズ行／ヅ行の子音が、それぞれかつては異なる音で区別があったものが、次第に混同されるようになり、ついにはどちらの発音でもかまわなくなったという「四つ仮名」と総称される現象があった。発音と表記とでは表記の方が必ず保守的なので、発音が変化しても表記はなかなか変化せずに、化石的に以前の表記がそのまま残るといったことにもなる。だがそれは実情に合っていないため、どこかの時点で実情に合わせようと、表記の改革が行われたりする。四つ仮名についても、「現代仮名遣い」（1986年内閣告示 <https://www.bunka.go.jp/kokugo_nihongo/sisaku/joho/joho/kijun/naikaku/gendaikana/index.html>）という文書

で、現代における扱いが規定された。

　こちらもまた、原則だけだとすっきりしたように見える。

　　「じ」「ず」を用いて書くことを本則とする

このことによって、旧仮名遣いで「ぢ」「づ」だったものも、次例のように、「じ」「ず」に統一されることになる。

（４）じしん（地震）、じぞく（持続）、ずが（図画）、ずつう（頭痛）

　これで済めば話は簡単だったのだが、**例外的に「ぢ」「づ」で書く場合が定められたことで**、学習者泣かせの（母語話者でも自信がないような）悩ましさが生じることとなった。例外とされたのは２つの場合で、

　　①　「ち」「つ」の後に同音が続くとき

　　②　連濁によって濁音になっているとき

と言うことができる。①の例としては、

（５）ちぢむ（縮む）、つづく（続く）

といった語が挙げられる。ところが、あっさり書いてある「同音」というのが曲者で、後ろにくる音が「同音」なのかどうかを知らないと判別できない。同音ではないものとして次の語が例となる。

（６）いちじく（無花果）、いちじるしい（著しい）

上の（５）と（６）で音が違うのなら判別できるが、発音上の区別はすでになくなっている以上、（６）は「じ」で書くと覚える以外ない。

　②の連濁の例はわかりやすそうにも思える。例を見よう。

（7）はな**ぢ**（鼻血）＜はな＋**ち**（血）

　　そこ**ぢ**から（底力）＜そこ＋**ち**から（力）

　　みか**づ**き（三日月）＜みっか＋**つ**き（月）

　　て**づ**くり（手作り）＜て＋**つ**くり（作り）

このくらいだと連濁の判別も容易だが、語の成り立ちとして1語と意識されるか2語の複合と意識されるかという程度問題があって、両方の表記を認めている例も出てくる。

（8）せかい**じ**／**ぢゅ**う（世界中）、いな**ず**／**づ**ま（稲妻）、

　　き**ず**／**づ**な（絆［＝き＋つな（綱）］）

他方で、例えば「もとづく」のようにすでに1語としての意識が強いと思える場合でも、連濁との扱いで「基**づ**く」の表記となっているなど、なかなかすっきりしない。学ぶ側にも教える側にも悩ましい問題がある。

●付録：日本語の表記遊び

　冒頭で日本語の文字・表記の性格付け（A）として捉えたように、日本語は大きく仕組みの異なる表語文字・漢字と表音文字・ひらがな、カタカナを併用している点に大きな特徴がある。そして、その長い歴史を反映するように、それぞれの特色を生かしながら言葉を交錯させて楽しむ言葉遊びが発達した。現代では広告のポスターなどで、文字表記に絡んだそうした言葉遊びをふんだんに見ることができる。

　ちょっとした遊び感覚で、広告の事例を材料として、"言葉に何度も仕事をさせる"ような使い方を読み込んで、学習者の興味を引くようなことも、できたら楽しいだろう。以下に1つだけ例を挙げる。

とある鉄道会社のマナー啓発ポスターで、様々な果物が登場する「めいわくだもの」というシリーズからの例である。彼（女）らは皆ちょっと迷惑なふるまいをしていて、それぞれのふるまいにちなんだ名前が付けられている。残念ながら図版そのものの掲載は許諾が下りなかったので、各自ネット検索してぜひ実物をご覧いただきたい（<https://www.mir.co.jp/feature/points/amenity/poster/>「マナー啓発ポスター、つくばエクスプレス」）。

周りにお構いなしに大きく足を広げてスペースを占領する大きなナシが描かれている。名付けて「おかまいナシ」で、そのふるまいゆえに、本当は「おいしい」ナシのはずなのに、「い」に×が付いてしまい、「おしい」ナシになってしまっている。「迷惑（なく）だもの」というわけで、言葉遊びではこうした掛詞などが多用され、言葉が何重にも絡み合うように働いているのを、どれだけ拾い出せるか、競い合うのも楽しい。楽しい言葉遊びポスターを、先生も探してみよう。

参照文献

王超鷹（1996）『トンパ文字 生きているもう一つの象形文字』マール社

柳澤好昭（2022）「日本語を学ぶ外国人にとって、漢字の学習は難しいのでしょうか」（国立国語研究所ウェブサイト：ことばの疑問 <https://kotobaken.jp/qa/yokuaru/qa-156/> 2023年2月閲覧）

10 | 日本語の構造④語彙・意味

滝浦真人

《目標＆ポイント》　和語・漢語・外来語を基本の語種とする日本語では語種間の棲み分けが生じるが、習得過程で感覚的に身につけている母語話者とは異なり、学習者には自明でない。日本語固有の問題として、形容詞における２群の存在や擬音・擬態語への選好があるが、これらも学習者には負担となる。語と語がつながる際に生じる連濁などの変音現象も、記憶の手がかりに乏しく、学習者泣かせとなる。本章では、こうした事象に可能なかぎりの一般性・規則性を見出し、学びの支えとなる知見を確認したい。
《キーワード》　語種、和製漢語、イ／ナ形容詞、オノマトペ、連濁

1．和語・漢語・外来語

　日本語で漢字と仮名という異なる仕組みの文字が併用されると言うとき、それは当然、文字だけの問題ではなく、各々によって書かれる言葉の違いでもある。そうした意味で、漢字とともに日本語に入ってきた言葉を**漢語**と呼び、元々日本語にあって仮名で書けるようになった言葉を**和語（大和言葉）**と呼ぶ。さらには、中世のキリスト教伝来以降、主として欧米から流入した言葉を**外来語**と呼び分ける習慣がある。

　異なる語種にまたがる複合語は**混種語**と呼ばれる。「マンション管理組合」や「折れ線グラフ」のような語は３つの語種すべてが用いられる例だが、いわゆる**重箱読み**や**湯桶読み**の熟語も、重箱読みなら"字音読

み＋和語読み”（例「残高」「台所」「番組」）、湯桶読みなら“和語読み＋字音読み”（例「朝晩」「親分」「夕刊」）ということで、それぞれ混種語的構成となっている。

　語種に関しては各語種間の比率も意識しておきたい。一口に比率と言っても、出現数をとにかく機械的に数える方式と、１つの語は１回だけ数える（つまり種類の数を数える）方式とでは、結果が大きく異なる。前者は延べ語数と呼ばれ、後者は異なり語数と呼ばれる。それぞれの概略的な比率は、延べ語数で見ると和語が半分強と多いが、異なり語数になると漢語が約半分と逆転し、和語が約３分の１、外来語が約１割、残り数％が混種語となる（異なり語数での比率は、各種国語辞典の収録語彙における語種の比率を見れば見当がつく）。ここからわかるのは、身近な物事を表すものが多い和語は種類が少なく頻度が高いのに対して、抽象的で硬い語が多い漢語は種類が多く頻度が低い、という全般的な傾向である（私たちの生活実感とも合致する）。そのようなわけで、日本語の語彙について、

　（A）語種に関して、頻度の高さでは和語だが、種類の多さでは漢語
ということが基本の認識となる。

●和製漢語
　漢語について、特筆すべきことが２つある。１つは、前章で見た漢字の「訓読み」に関わることで、とても興味深い現象が生じた。それは、元来は和語でひらがな書きされていたような語で、漢字の訓読みによって漢字を当てて書かれるようになったものが、当てて書いた漢字を元々の和語読みだけでなく字音読みもできることになったのをきっかけに、しまいには，本来の和語読みの方が淘汰され、字音で読む“漢語”として定着してしまったというケースである。日本でできた漢語を和製漢語

と呼ぶが、その1つのタイプがこれということになる。そのプロセスを図にまとめよう（図10-1）。

和語から漢語が生じるプロセス	例（表記は現代語で）	
① （元来）ひらがな表記の和語	かえりごと	おおね
② 訓読みの漢字が当てられる	返り事（かえりごと） 返事　　（かえりごと）	大根（おおね）
③ 和語読みと字音読みの併存	返事　　（かえりごと） 返事　　（へんじ）	大根（おおね） 大根（だいこん）
④ 字音読みの定着 　＝和製漢語の誕生	返事　　（へんじ）	大根（だいこん）

図10-1　和語から和製漢語が生まれるまで（概念図）

　ここで、和語から漢語を誕生させるプロセスが漢字の「訓読み」によって引き起こされたという点が、日本語の漢字との付き合い方をよく表しているようで面白い。ちなみに、なぜ本来の和語が淘汰されてしまったのか？との問いに対する答えは、「漢語が格好よかったから」ということだと考えている。現代において既存語彙があるのにわざわざ（よくわからない）外来語で表したがる例が後を絶たないのと同じで、**漢語は"よくはわからないが格好いい言葉"**として、幕末期などにも大流行している。日本語の中で漢語が帯びているこうしたニュアンスについて、特に中国からの学習者は全く想像できていないため（彼らにとっては全く日常の言葉でしかないから）、教えないとわからない。例えば、「社会人」という言葉の謎めいた立派な感覚は日本語固有としか言えず、現代中国語の「社会人」には「チンピラ」の意味さえあるという。

　漢語についてのもう1つのトピックも、日本で作られた漢語の話となる。明治時代、開国した日本には西洋世界から大量の文物が流入することになる。そこには新しい物だけでなく、新しい用語や概念も多数含ま

れていた。それを西周や福沢諭吉といった明治の知識人たちが片っ端から日本語に翻訳した。彼らがそうした**翻訳語**の受け皿としたのが、主として漢字2文字からなる**和製漢語**だった。

「社会」「個人」「権利」「自由」「恋愛」をはじめとする幾多の語があり、こうした硬い語感の漢語を彼らが多数作ってくれたおかげで、日本人は西洋風の硬い話を日本語ですることができるようになり、大学教育まで日本語で行うことも可能となった（学問名など"本場"中国語にも逆輸入されている）。そうした意味で、彼らは近代日本語にとっての大恩人と言わなくてはならないが、その一方で、上のような翻訳語が、漢字の表語性によって"何となくわかる"気はするものの、**"本当にわかるわけではない"**という影の部分も残すこととなった。江戸時代に「社」も「会」も「会社」までもが存在していたところに、2字をひっくり返した「社会」を作っただけで原語'society'の意味が伝わるわけではない。同様に、江戸時代の日本人は「愛」も「恋」も知っていたが、そのどちらでもないとして'love'の翻訳語として作られた「恋愛」の要諦が、神の愛など精神的な愛にあったといった事情はやはりわからない。

大正時代以降、（漢語が飽きられて）**外来語のカタカナ言葉**が流行り始めて現代に至る（平成以降はローマ字の頭文字語［**頭字語**という］が流行）が、これらの言葉はより一層**"イメージ優先"**であるため、学習者にとっては重荷になりやすい。

2. 形と意味のネットワーク

さて、次には、文法とも絡みながら、日本語では言葉の形と意味の関係が、母語話者が思う以上に複雑だということと、そうだからこそ、言葉をばらばらに見るのではなく、**少し大きなネットワークとして捉えていくことが有効**だろうということを考えていきたい。

　文を作るとき、「何がどうする・どうだ」という一番大きな枠については、比較的形も決まっていて覚えやすい。それに対して、「何が」（や「何を」など）や「どうする」の部分をもう少し説明したい場合に必要となる修飾語に目を移すと、どうも一筋縄では行きそうにない。英語の文法を思い出すと、名詞や動詞にかかる、それぞれ形容詞と副詞という品詞があって、基本的にかかって行く言葉の前に置けばよかった（特に後者などは形の特徴もあり見分けやすい）。日本語にも形容詞や副詞があるから、何となく英語と同じような感じかと思ってしまいそうだが、まずそこに落とし穴がある。

　例えば、「美しく踊る人」という言い方があるとき、「美しく」は動詞「踊る」にかかる副詞だと言いたくなる。しかしそうではなく、それは形容詞「美しい」の活用形（連用形）というのが正解となる。「元気に暮らす」はどうだろう？　英語の—lyよろしく「―に」という形の副詞だと言いそうになるが、これもそうではなく、学校で形容動詞と教わる形容詞類「元気だ」のやはり連用形である。ちなみに、日本語の副詞は、「ちょっと」「いつも」「とても」「だいたい」のような、活用のない語ということになる。

●日本語の形容詞は働き者

　そのようなわけで、日本語では「形容詞」という品詞の働きが大きい。
　（B）英語的な品詞の捉え方は落とし穴になる（特に形容詞・副詞）という点をよく理解しておきたい。日本語の形容詞には、「美しい」「おいしい」のように辞書形が「い」で終わるタイプと、「健康だ」「元気だ」のように辞書形が「だ」で終わり、名詞にかかるときに「健康な」「元気な」のように「な」が現れるタイプがある。日本語教育では、前者を**イ形容詞**、後者を**ナ形容詞**と呼ぶ。形容詞が２種類あるというのも特徴

と言えるが、後者は語幹が漢語系であるものの受け皿ともなっており、日本語的な語種構成の反映とも言える。

　[語幹＋な]で形容詞的な働きが担われる、というだけならまだいいだろう。困ったことに、「健康」が名詞にかかって行く形としては、「健康な」のほかに「健康の」というのもあって（例「健康のため」）、何か意味的な使い分けがありそうに思える。では、ナ形容詞はどれも同じように「な／の」両方が使えるのだろうか？　答えは否で、例えば「大切だ」というナ形容詞は、「大切な」とはできるが「＊大切の」という形にはできない（文法的に成り立たないことを＊の記号で示す）。「簡単だ」も同様で、「簡単な」はいいが「＊簡単の」とは言えない。

　今度は「の」に着目してみよう。例えば、「理想の」という言い方は普通にできるが、「＊理想な」とは言えないことがわかるだろう。実は、「理想」は名詞なので、「理想の」は［名詞＋の］というつながりなのだが、いかにもモノらしい名詞ならともかく、こうした抽象的な名詞になると紛れやすくなり、なぜ「＊理想な」では誤りなのかを説明するのはなかなか容易でない（「理想的な」ならOKになるなど）。同類の語としては、（どれもレベルは高めだが）「普段」（「普段の／＊普段な」）、「充実」（「充実の／＊充実な」）、「将来」（「将来の／＊将来な」）などがある。

　このように見てくると、学習者にとって、これがかなりのハードルになることも想像が付くのではないだろうか。実際、作文などでの学習者の誤りには、

　　「＊必勝な信念」「＊将来な仕事」「＊進歩な国」「＊楽観な精神」
といった例が多く現れる。これらは、「な」を「の」に変えることで正用となるか、少なくともかなり改善される。ここは何とかして説明を与えたいところだろう。「な」につながることのできた「元気」と「大切」の共通点はと考えると、何かの状態であり、かつ、「とても」を付けて

も使えるように、程度を含んだ状態であると言えそうである。一方、「の」でないとつながれなかった「理想」の方は、程度の幅はなく、ある物事のある性質を表していると言えるだろうか。それをまとめるとこうなる。

　「な」は程度のある状態に傾き、「の」は物事の性質に傾く

言い換えると、「な」に傾くほど形容詞らしさが増し、「の」に傾くほど名詞らしさが増すことになる。そのことを確かめる基準として、「な」が付けられる語は程度を表す「とても」を付けることができ（上述）、「の」が付けられる語は文の主語になって「…は」と言うことができる、といったものがある。

　以上、かなり盛りだくさんな印象があるが、とりあえず1枚の表にまとめてみよう（表10-1）。語例は品詞の違いとも対応させておく。

表10-1　ナ形容詞を中心とした形と意味の結び付き

表すものと形の対応	品詞	例と接続	備考
「一の」モノ・コトの性質　↑↓（程度付の）状態「一な」	名詞	理想 + _の_ + 名詞	○理想 + _は_［主語になれる］
		×理想 + _な_ + 名詞	×_とても_ + 理想（だ）［程度を表さない］
	ナ形容詞&名詞	健康 + _の_ + 名詞	○健康 + _は_［主語になれる］
		健康 + _な_ + 名詞	○_とても_ + 健康（だ）［程度を表す］
		健康 + _に_ + 動詞	○_とても_ + 健康（に）［程度を表す］
	ナ形容詞	×大切 + _の_ + 名詞	×大切 + _は_［主語になれない］
		大切 + _な_ + 名詞	○_とても_ + 大切（だ）［程度を表す］
		大切 + _に_ + 動詞	○_とても_ + 大切（に）［程度を表す］
	連体詞	大き_な_ + 名詞	×大き + _だ_（った）［な≠活用語尾］

一番下には、さらなる混乱要素とも言える「大きな」も載せた。これは、古文の形容詞「大きなり」から派生した連体詞と呼ばれる語で、「な」で終わっていても活用しない（活用語尾でない）というものである（ほ

かに「小さな」「いろんな」がある）。母語話者は普段全く意識せずに暮らしているので、面食らう感があるだろう。それも含めて、こうした複雑な事象を品詞と結び付けて捉えていくのは、学習者のモチベーションの点でも心配になる。それを考えると、

　　形容詞的な「―な」と名詞的な「―の」を両極とする連続体

のようなイメージを持ってもらうのが得策ではないだろうか。

● "わからない" オノマトペ

　日本語の語彙に関して、最も母語話者の盲点となりやすい語群といえば擬音・擬態語と言ってよいだろう。擬音語は世界の言語でも普通に見られるが、日本語の場合、音ではないものを音感的に表す擬態語が多く、情緒的な意味合いまでもカバーする（それらを「擬情語」と呼び分けることもある）。それらを丁度よく括れる総称として（便宜的に）「オノマトペ」が用語として使われている（元は「擬音語」を表すフランス語）。

　母語話者にとってオノマトペは "わかりすぎるくらいにわかる" 言葉である。普通の言葉で説明的に言うよりも、一言オノマトペで言った方がそのまま通じて面倒がないのに…、というくらいの感覚さえあるだろう。実際、スポーツの指導にオノマトペを取り入れて効果を挙げている報告などもある。しかし、ここに落とし穴がある。オノマトペがよくわかるのは "日本語がよくわかる" 人であって、そうでない人にとっては（学習者は皆当てはまる）全く反対で、似たような形をして音だけで区別されるオノマトペはお手上げというほど "わからない" 言葉なのである。にわかには信じられないという人は、「3.11」の東日本大震災で全国から支援に入った医療関係者を悩ませたのが方言オノマトペで、皆目見当がつかずにほとほと困ったというエピソードを読んでみてほしい（https://www.idononippon.com/topics/3748/、2023年2月閲覧）。ちな

みに、日本語に不慣れな外国人などのために提唱されている「やさしい日本語」でも、オノマトペは避けるものとされる。

　オノマトペを支える仕組みであり母語話者にとってのわかりやすさの源である働きは、**音が意味的なイメージを直接的に担っている**ところにあり、**音象徴**と呼ばれる。音には周波数やエネルギーといった物理的な性質があるから、音象徴もそうした音としての性質を直接に反映したものだと思われやすい。そうであるなら音象徴は普遍的ということになり、母語話者が外国人相手についオノマトペを使いたくなってしまうのもそのためだと考えられる。ところが、実際の音象徴は、各言語の歴史の中で育まれてきたその言語固有のものであることが多い。日本語でも、

　（C）日本語オノマトペの大方は日本語固有の音象徴が支えている

と考えた方がよい。

　最も広汎かつ強力に日本語母語話者の脳内にある音象徴は、

　　"よい"清音　対　"よくない"濁音

というイメージ対立に関するもので、普遍的に違いないと多くの母語話者が思っていそうなところだが、実のところ、歴史的な経緯をたどれば、普遍的どころか全く偶然に日本語が経験することになった出来事に起因するものであることが判明する（後述する）。

　ともあれ、具体例から見てみよう。清音系と濁音系のペアを掲げる。なお、ここでの「清音」は「濁音」から濁点を取り去った音を指す。

（１）　清音系　　　　濁音系

　　　キラキラ　　　ギラギラ

　　　サラサラ　　　ザラザラ

　　　トロリ　　　　ドロリ

（２）　カタカタ　　　ガタガタ

　　クルクル　　　　グルグル

母語話者的な語感としては、音と意味の結び付きが非常に明瞭にあることだろう。（1）では、清音始まりの語は"純粋・きれい・心地よい"といったイメージと結び付いており、他方、濁音始まりの語は"不純・強すぎ・心地悪い"といったイメージに結び付く。（2）ではそうした好悪の印象は特にないが、清音系の方が"軽い・小さい"、濁音系の方が"強い・大きい"という印象となる。音と意味のこうした対応は、オノマトペの意味論として確かに存在すると言えるので、学習者にも、（2）のような"軽／重"や"小／大"から、（1）のような"好／悪"に及ぶ清／濁のイメージ対立があると教えることは有効である。これがわかるだけでも、母語話者が発したオノマトペを聞いて、清音系だったら特に悪い意味はなさそうだとか、濁音系だったらあまりいい印象ではないかもしれないなど、ある程度の判断ができるようになるため、かなり楽になると思われる。

　さて、それはそれとして、こうした音と意味の結び付きが全く普遍的ではない偶然の産物だということについても、簡単に見ておこう。話は古代の日本語まで遡る。古代というのは、奈良時代前後に漢語が流入し始めるより前の時代のことである。漢語流入前であれば、日本語の語彙は基本的に大和言葉だったものと想定することができる。では、読者各位、大和言葉（和語）の単語をいくつでも思い浮かべてみてほしい。例えば、次のような語が浮かんだとして、音の用いられ方について、何か気づくことはないだろうか？

（3）ほし、そら、かぜ、き、みず、はな、むし、とり、て、あし、ひざ

これらの語を眺めていて、「ぜ・ず・ざ」のような濁音が、あるはあっても、単語の頭の位置に出てきていない、ということに気付くのではないだろうか。実はこれは、「古代日本語の音韻法則」などと呼ぶこともできるもので、

　　　漢語流入以前の古代日本語では語頭に濁音が立たなかった

とまとめることができる。

　これが「漢語流入以前」というところがポイントで、漢語が入ってしまえば、日本語としては濁音始まりになる語がいくらでも生じることとなったため（例「願、残、段、晩」等々）、語頭に濁音が立たないという「法則」は消滅してしまった。しかし、そのような中で、語頭に濁音が来るのはどうも耳障りだ、という印象だけが残存したものと推測することができる。そうした清／濁のイメージ対立をそのまま活用しているのがオノマトペだということになる。さらに、オノマトペ以外でも、

（4）ダマ（＜タマ［玉］）、ザマ（＜サマ［様］）、
　　　バレる（＜はれる［晴れる］）、ゴネる（＜こねる）

のように、本来は清音始まりなのを、わざわざ濁音始まりに変えて、意味も悪い意味に寄せた例などがある。こうしたわけで、オノマトペ（など）に見られる清／濁の音象徴には、漢語流入という事件の余波として生じてきたという意外なストーリーがあった。

　オノマトペに関して、学習者に役立つ捉え方がもう1つある。それは、語としての意味を担っているユニットがわかれば、それを基にしてできた他のオノマトペや接辞を付けて作られた一般語などのネットワークとして記憶することができることである。例えば、「ニコッ」というオノマトペがある。最後の拍の促音「ッ」は、「フワッ」「パリッ」など多く

のオノマトペに用いられているので、語固有の意味を担う部分としては［ニコ］というユニットだろうと考えることができる（そのように意味を担う単位のことを「語根」と呼ぶ）。さて、次には、語根［ニコ］に何かを付けて別のオノマトペを作れないかと考えてみると、「ニコリ」が思い浮かび、さらには［ニコ］を反復した「ニコニコ」や、［ニコ］の間に別の音が挟まるが「ニッコリ」も同様だろうと想像がつく（そう思えば「AッBリ」の形をしたオノマトペは多数ある）。オノマトペだけでなく一般語にも［ニコ］を含んだ語がある。「にこやか」がそれで、類例としては、接辞「—めく」「—つく」などがある（例「ざわめく」「ごろつく」）。

　こうして生じるオノマトペのいわば "ファミリー" を整理しておこう。その下に、他の語の例を掲げておく。

　　　語根 ［AB］ から
　　　1拍付加：　　 ［AB］ッ　　 ［AB］ン　　 ［AB］—　　 ［AB］リ
　　　1拍挿入・付加：［A］ッ［B］リ　　 ［A］ン［B］リ
　　　　　　　　　（挿入される促音／撥音はBの子音の無声／有声で決定）
　　　語根反復：　　 ［AB］［AB］
　　　接辞付加：　　 ［AB］やか　　 ［AB］めく　　 ［AB］つく

（5）語根 ［ドカ］　⇒　「［ドカ］ッ」「［ドカ］ン」「［ドッ］［カ］リ」「［ドカ］［ドカ］」
　　　語根 ［フワ］⇒「［フワ］ッ」「［フワ］リ」「［フワ］—」「［フン］［ワ］リ」「［フワ］［フワ］」

ここで、出来上がる**語の形と語の意味との間にある種の並行性がある**ことにも気づくかもしれない。1拍付加のグループは、付加される促音／撥音／長音／リ の違いによって、勢いや強さなどのニュアンスが生じ

る。それに１拍挿入が加わると意味の側にも "しっかり" のようなタメが出てくる（「ニッコリ」がわかりやすい）。そして、**語根自体が反復された場合には**、意味の側にも "反復" 的なニュアンスが生じてくる（「ニコニコ」の笑いは１回ではない）。このような観点が持てるようになると、全くお手上げだったオノマトペにも体系性が感じ取れるようになり、もっと知りたい興味も湧いてくるかもしれない。

3. 類義語は鬼門

　語彙という観点で、母語話者と学習者にとっての意味合いが全く異なるものに「**類義語**」という存在がある。母語話者にとっては、話しながら、あるいは何かを書いたりしようと思ったときに、より "ぴったりくる" 語を選ぶために想起される、意味の似た語のグループといったところだろう。一方、学習者にとっての類義語は、**意味の違いを知らないと間違った使い方をしてしまうことになる厄介な似た者同士**として想起される。つまり、

　（D）**類義語のイメージは母語話者と学習者で全く異なる**

ことに注意が必要である。

　英語を習った記憶をたどれば、例えば何かを誰かに言うとか話すといったことを英語で表現したいとき、中学１年で習ったはずの超基本単語である say, tell, speak, talk といった類義語のどれを使えば正しい英語になるのかわからずに立ち往生する、といったことが簡単に起こる。実のところ、各語の使い方は、目的語をとる／とらない、目的語になる要素は何か、といった点ではっきり決まっているので、それに合わなければ（規範的には）誤った英語になってしまう。これと同じことが日本語学習者も経験することとなる。今でこそ、類義語の意味の違いを詳しく説明してくれる類語辞典が各種出ているのでかなり助かるとはいえ、質

問された場合なども、やはり簡単な用例とともにわかってもらえるのが一番と言える。

　そうした趣旨で、簡単な用例テストをしながら意味の違いを切り出していく手段として「意味分析」は有効性が高い。仮に類義語が２語あるとした場合、どちらも使える文と、どちら一方だけが使える文（２つできる）を適切に選ぶことができれば、それらの比較検討を通して、どういった条件の相違によって各々の使用の可否が決まってくるかの線引きをすることができる。

　具体的に、超基本の類義語である「あがる」と「のぼる」を例に、簡単な意味分析をやってみよう。まず、どちらも使える文例として、こんな文があるだろう。

（６）屋上に ｛○あがって／○のぼって｝ 花火を見ました。

どちらも、「屋上」という高い場所に移動して何かをした（花火を見た）ということがわかる。では、高い場所なら何にでも両方使えるかというと、どうもそうではない。例えば「富士山」だとこうなるだろう。

（７）このあいだ、富士山に ｛×あがり／○のぼり｝ ました。

　なるほど、「富士山にあがる」だとおかしくなる。このとき、おかしいという確認だけでなく、もしそのように言ったらどんな風に聞こえてしまうかについても押さえておくと役に立つ。「富士山にあがる」だと、例えばヘリコプターで一気に頂上のところまで行って降り立った、というような話になってしまう、と。これは、もしもそうした情景が不自然

でない文脈であれば「○」になるということでもあるので、意味ある確認である。

　では、「あがる」が○で「のぼる」が×になるような文はあるだろうか？そのとき、いまの確認が生きてくる。ヘリコプターで一気に、というのは、下から頂上目指して一歩ずつ高度を上げていくという登山の〝プロセス〟がなくなってしまうという点で不適切だったと考えれば、〝プロセス〟には意味がなくて、ただ行き着く先の場所が高い所にあるといった文脈であれば使えそうに思われてくる。それでこんな文が思い浮かぶかもしれない。

（8）どうぞ、2階へ ｛○あがって／×のぼって｝ ください。

　たしかに、このケースでは、2階に何かがある（席が設けてあるなど）ということ（だけ）が重要であって、そこまでどうやって行くかはどうでもいいとわかる。つまり、この場合の焦点は〝到達点〟にあって、そのとき「あがる」が用いられるということが導ける。そのような場合に「のぼる」を用いると、2階までどうやって行くかの〝プロセス〟が不必要に焦点化されてしまうため、おかしくなるのだと説明できるだろう（階段がものすごく急であるなど）。

　こうして、ごく簡単な（しかし適切な）文例を用意するだけで、「あがる」と「のぼる」の意味の相違が、

　　〝到達点〟を焦点化するのが「あがる」
　　〝プロセス〟を焦点化するのが「のぼる」

という点にあることを簡単に説明することができる。文例がセットになっているので、説明される側もともに考えながら理解に至ることができるし、これなら忘れないだろう。このような有用性に鑑みて、日本語

教師の養成講座では「類義語分析」との単元が置かれていたりする。

付．連濁は何のために？

　以上、日本語の語彙について、語の形と意味の関わりが問題となってくる事象や領域をピックアップして眺めてきた。最後に、語の意味と関わる問題でありながら、音が関係してくる事象（「変音現象」という）にも触れておきたい。音が絡んで学習者がお手上げの感覚を抱きやすい領域として先に「オノマトペ」を見たが、それと並んで学習者が為す術<ruby>為す<rt>すべ</rt></ruby>のない感覚になりやすい事象に「連濁」がある。

　連濁は、２つの語を合成してつなげる際、後ろの要素の頭が清音である場合にそれが濁音化する現象である（ここで言う「清音」も先ほどと同じく濁音から濁点を取り去った音のこと）。母語話者であれば、青い空を見て「青（あお）」と「空（そら）」をつなげて「青空（あお<u>ぞ</u>ら）」を作るときも、「ボス」と「猿（さる）」をつなげて「ボス猿（ぼす<u>ざ</u>る）」を作るときも、迷うことなく瞬時に判断がつくだろう。では母語話者は一体何をわかっているのだろうか？　学校で教わったことはないし、では説明しろと言われても、普通に説明できる人はきわめて少ないに違いない。そのような事情だから、日本語学校などでも教わることは非常に少なく、学習者は１つずつ覚えていくしかないものと思っている。しかも、困ったことに、**連濁してもしなくてもどちらでもいいという場合が意外に少なく**、するかしないかはかなり決まっているため、それを**間違えて発音すると相手側に必ず解釈負荷がかかってしまう**。最終的には通じることがほとんどとはいえ、「あおそら」や「ぼすさる」と言われても、すぐには同定できないという程度には伝達が阻害されてしまう。そのため、学習者側にも失敗の記憶として残りやすい。

　幸いなことに、比較的近年になって、連濁の働きと生起／不生起の環

境について多くの解明がなされたことで、学習者に気の毒なこうした状況も多少改善できる見通しが立ってきた。以下、極力簡潔に、連濁の基礎知識と最近解明された重要な点をまとめておくことにしたい。

　まずは連濁の基本を押さえよう。**連濁の生起環境**という言い方がよいかと思うが、"連濁が起こってもよい" 環境というのがある（必ず起こる、ではない）。それは語種と関係していて、

　　合成される後部要素が和語または和語並みに意識される語

である場合となる。裏を返して言えば、

　　後部要素が漢語や外来語の場合は原則として連濁しない

と言うことができる。和語の「紙（かみ）」は「色紙（いろがみ）」のように連濁し、古い時代に入って和語的な感覚となっている（本来は漢語の）「本（ほん）」なども「ビジネス本（ビジネスぼん）」のように連濁するが、漢語では通常「株主総会（かぶぬしそうかい）」のように連濁せず、外来語の場合も「デジタルカメラ」のように連濁しない。なお、「ビジネス本」や先の「ボス猿」がそうだったように、前部要素の語種は何であってもかまわない。

　音声現象としての連濁について、よく知られた原則がある。明治時代のお雇い外国人教師だったライマンが気づいて報告したということで「ライマンの法則」として知られている。それは、

　　後部要素がすでに濁音を含んでいると連濁が起こらない

という現象で、例えば、「鳩（はと）」なら前に「小（こ）」を付けて「小鳩（こばと）」と連濁するのに、すでに濁音を含んでいる「雀（すずめ）」だと「小雀（こすずめ）」のように連濁しない。例外として「縄梯子（なわばしご）」のような語もあるが、総じて適用されると言ってよい。

　ここまでの話でいいなら、そう苦労することもないのだが、問題は、条件的には同じように見えるにもかかわらず、連濁する語と連濁しない

語がはっきりと分かれる場合がかなり存在することである。次の（9）
と（10）を比べてみよう。

（9）「親鳥（おやどり）」「草花（くさばな）」「目尻（めじり）」
（10）「親子（おやこ）」「草木（くさき）」「目鼻（めはな）」

（9）は連濁が生起しているグループで、（10）は不生起のグループであ
る。ただ眺めていても、なかなか違いには気付かないかもしれない。実
は、違いは**語の意味**と関係している。どちらのグループも前後2つの要
素から成っているが、（9）では、親である鳥、草に咲く花、目の端、
という具合に**修飾関係**があり、語が指しているのは結局1つのものであ
る。それに対して（10）では、親と子、草と木、目や鼻、といった具合
に2つの要素が溶け合うことなく並立していて、つまり語が指すものも
2つの要素から成っている。

　この比較からわかることを、連濁の働きに重点を置いて述べるなら、

　(E) 連濁が生じているなら、前後が溶け合って1つになっている

ということになる。つまり連濁の働きは**語句のまとまりを示す**ところに
あって、2つの要素を1つにまとめる "接着剤" のような働きをしてい
ると言ってもいいだろう。一方、連濁しないケースについて、（10）で
は前後が**並列関係**にあると言えるが、実際には、並列関係以外でも連濁
しないケースが様々にあることがわかっているので、そちらについては
まだ未解明の点が残っている。

　それでも、上の（E）がわかるだけでも、母語話者の話を聞いていて
連濁が出てきたら、そこは1つのものとして言っているのだろうと判断
できるし、自分で言うときも、溶け合って1つになっていたら連濁させ
る、との自力での判断が可能になるので、大きな助けになることだろう。

11 指導法①初級

伊東祐郎

《目標&ポイント》　日本語教育における「初級」段階ではどのような内容を
どのように教えることになるのか、結果としてどのような日本語運用力を身
につけることになるのかについて多面的に考察する。
《キーワード》　文法知識、語彙知識、文字知識、4技能、直接法

1. 初級の日本語能力レベルとは

　はじめて日本語を学ぶ学習者の視点から、どんなことを学びたいと
思っているのか、どんなことを期待しているのかを考えてみたい。ある
学習者は日本語で会話ができることを希望しているだろう。ある学習者
は、日本のアニメが理解できることを望んでいるかもしれない。またあ
る学習者は日本社会や日本文化に興味があって日本語を学びたいと思っ
ているだろう。就労を目的に日本にやってきた外国人は、職場で必要と
なる日本語を学習しなければならないと感じているだろう。このように
日本語学習者の学習動機はさまざまで、日本語学習のニーズも多様であ
ることが分かる。日本語学習者の多様化の中で日本語教育における「初
級」段階ではどのようなことを教えたらよいのか、また「初級」ではど
のような技能を身につけてもらうことになるのか、多面的に考察する必
要がある。本章では、初級レベルにおける指導の在り方やその教育内容
を検討する上で必要となる観点や視点を理解することを目的としたい。

　まず、一般的に日本語教育で言われている「初級」とはどのようなレベルなのか整理しておきたい。日本語学習者に最もよく知られている日本語能力試験（以下、JLPTと称す）の構成や出題内容、また出題形式から「初級」についての分析を試みる。

　2010年に改訂され現在も実施されているJLPTはN１からN５という５段階のレベルから構成されている。この５レベルが構成される前は４段階だった。レベル名も１級〜４級という名称が使われていた。その頃、初級と言えば、３級と４級が初級レベルと考えられていて、４級は初級前半、３級は初級後半という捉え方であった。２級は中級、１級は上級というのが、日本語教育関係者の認識であった。その後、３級合格者がなかなか２級に合格できないという現実や、実際に中級レベルが対象とする能力イメージも多様で指導や学習内容も広範囲であったために、中級という概念がある意味において感覚的に捉えにくいという状況があった。改訂後、初級前半レベルをN５、初級後半レベルをN４相当とし、N３は初級と中級の橋渡しという観点から初中級、N２が中級、N１が上級という能力レベルとして浸透している。次の表は、新試験の認定基準である。

表11-1　日本語能力試験　認定の目安

レベル	認定の目安
むずかしい ↑	
N1	**幅広い場面で使われる日本語を理解することができる** **読む**・幅広い話題について書かれた新聞の論説、評論など、論理的にやや複雑な文章や抽象度の高い文章などを読んで、文章の構成や内容を理解することができる。 ・さまざまな話題の内容に深みのある読み物を読んで、話の流れや詳細な表現意図を理解することができる。 **聞く**・幅広い場面において自然なスピードの、まとまりのある会話やニュース、講義を聞いて、話の流れや内容、登場人物の関係や内容の論理構成などを詳細に理解したり、要旨を把握したりすることができる。
N2	**日常的な場面で使われる日本語の理解に加え、より幅広い場面で使われる日本語をある程度理解することができる** **読む**・幅広い話題について書かれた新聞や雑誌の記事・解説、平易な評論など、論旨が明快な文章を読んで文章の内容を理解することができる。 ・一般的な話題に関する読み物を読んで、話の流れや表現意図を理解することができる。 **聞く**・日常的な場面に加えて幅広い場面で、自然に近いスピードの、まとまりのある会話やニュースを聞いて、話の流れや内容、登場人物の関係を理解したり、要旨を把握したりすることができる。
N3	**日常的な場面で使われる日本語をある程度理解することができる** **読む**・日常的な話題について書かれた具体的な内容を表す文章を、読んで理解することができる。 ・新聞の見出しなどから情報の概要をつかむことができる。 ・日常的な場面で目にする難易度がやや高い文章は、言い換え表現が与えられれば、要旨を理解することができる。 **聞く**・日常的な場面で、やや自然に近いスピードのまとまりのある会話を聞いて、話の具体的な内容を登場人物の関係などとあわせてほぼ理解できる。
N4	**基本的な日本語を理解することができる** **読む**・基本的な語彙や漢字を使って書かれた日常生活の中でも身近な話題の文章を、読んで理解することができる。 **聞く**・日常的な場面で、ややゆっくりと話される会話であれば、内容がほぼ理解できる。
N5	**基本的な日本語をある程度理解することができる** **読む**・ひらがなやカタカナ、日常生活で用いられる基本的な漢字で書かれた定型的な語句や文、文章を読んで理解することができる。 **聞く**・教室や、身の回りなど、日常生活の中でもよく出会う場面で、ゆっくり話される短い会話であれば、必要な情報を聞き取ることができる。
やさしい ↓	

出典：「日本語能力試験公式ウェブサイト（https://www.jlpt.jp/）」

　現在の「初級」レベルとは、JLPTのN5とN4レベルというのが一般的な認識であるが、では「初級」ではどのようなことが教えられ、学ばれているのだろうか。日本語の運用能力を身につけるためにはどのような知識や能力が必要であるかという視点から考えてみたい。JLPTでの試験構成になっている「文字」「語彙」「文法」という＜知識面＞と「聴解」「読解」という「理解能力面」に「口頭表現力」「文章表現力」を加え＜運用能力面＞から具体的な初級レベルを考察してみる。

2. 初級の指導内容：言語知識

2-1. 文字知識

　日本語教育における文字指導は大きな役割を果たしている。日本語はアルファベットを使用している言語と異なり、平仮名、片仮名、漢字という3種類の文字を書き言葉に持つ言語である。また、ローマ字表記も日常かなり使われているので、学習者にとってもローマ字についての知識も必要になってくる。日本語学習者は、4種類の文字体系を学ぶという大きな負担を強いられることになるので、教師は、学習者が文字に興味をもって効率的に学ぶ最適な指導法について探求することも必要になる。文字に関する知識や、文字を適切に使う能力は、文章表現力を構成する下位能力の評価にも大きく影響することになるからである。

　文字指導は、学習段階に応じて内容が変わる。平仮名や片仮名が導入される入門初期の段階であれば、仮名として、一つひとつの文字の認識力、表記力を確認しながら指導する。例えば、「あ」の平仮名が正しく書けるかどうか、読めるかどうかなどの確認である。

　漢字が導入され始めるレベルから上級レベルまでずっと、漢字の正しい読み方と書き方は指導の対象となる。また漢字の組み合わせによって漢語語彙を増やすことが可能になるので、日本語力のレベルによって、

学習者が漢字を文脈の中で正しく認識し表現できるように指導すること
が大切になる。

＜平仮名・片仮名に関わる知識＞

　現代日本語の文章では、平仮名、片仮名、漢字、そしてローマ字を使っ
て表記している。したがって、まず平仮名、片仮名の一つひとつの読み
書きができる能力が求められる。日本語の五十音図の文字を全て覚えて
しまえば、どのような文でも書き表すことができる。しかし、実際の日
本語の文は、漢字仮名交じり文が基本で、句読点や符号、記号などを使っ
て書かれている。文字知識とは、単に文字そのものを認識できて理解で
きるだけでなく、漢字仮名交じり文で書かれた文章を正しく読める力が
あるかが問われる。また、文を書くときに、全て平仮名、あるいは片仮
名で書くのではなく、漢字仮名交じりで読みやすい文が書けるかどうか
も、文字知識として評価される。

　平仮名、片仮名が表音文字であることを理解しておく必要がある。
五十音図と言われるように、仮名は音を表す文字である。学習者の中に
は、母語との比較から仮名の特徴を理解するのに時間がかかる者もいる。
片仮名に関しては、平仮名同様に音節文字であるため、特に表記の際に
両者を混同しないことが必要である。そして、片仮名で表記されるもの
として、外来語、外国の地名・人名、動植物名、擬音語・擬態語などが
あることを理解しておく。

＜漢字に関わる知識＞

　漢字には、形、音、意味があり、学習者はこれらの基本を習得するこ
とになる。正しく漢字の字形を認識し、正確に発音することによって、
文全体の意味を適切に理解することができる。漢字が「楽しむ」「楽しい」
「楽な」などのように動詞や形容詞として使われる場合は、送りがなの
知識が必要になる。漢字は「雨」「水」のように単体で使用される場合

もあるが、「雨水（あまみず＝転音）」「山桜（やまざくら＝連濁）」のように他の漢字と複数合わさって新たな語を形成したり、音に変化が生じる（変音現象）特徴を持っている。このように漢字の習得は語彙の豊かさにもつながる。漢字学習の初期の段階で学ぶ、筆順や字画、書き方などは漢字の表記に関わる知識と言ってよい。

＜ローマ字に関わる知識＞

　ローマ字は表音文字の一種である。その点で、仮名と似ている。多くの外国語でローマ字が使われているので学習者にとっては馴染みのある文字であるが、日本語としてローマ字を使用する場合、基本的な規則を理解しておく必要がある。ローマ字を知っていると、漢字が読めなくても駅や地名などの標示板を理解することができる。名刺に書かれたローマ字併記による人名を理解することもできる。また、ワープロを使用する際に、ローマ字による入力方法もあるので、ローマ字を知っていることはなにかと便利になる。日本語のローマ字はヘボン式と訓令式があるので、その違いと使いについても知っておく必要がある。特に五十音図表の中でローマ字で表記されている場合には、し（si/shi）、ち（ti/chi）、つ（tu/tsu）など、その使われ方の違いを知っておくことも大切になる。

　次の表は、文字に関する主な学習項目を表したものである。

表11-2 文字に関する学習項目

○平仮名に関する知識：字形、現代仮名遣い、特殊拍の表記、などが分かる
○片仮名に関する知識：字形、用法（外来語、擬態語、擬声語、俗語）、表記（長音や外来語など）が分かる
○漢字に関する知識：字形、音、訓、意味、表記、などが分かる
○ローマ字に関する知識：字形、表記、略語、単位記号、外来語、訓令式、ヘボン式、などが分かる
○数字に関する知識：字形、漢数字、アラビア数字、ローマ数字、などが分かる
○筆順に関する知識：字形、構成要素、運筆が分かる
○熟語に関する知識がある
○送りがなに関する知識があり、適切に表現できる
○その他

2-2. 文字の指導における目標

　文字を指導する目的は、漢字仮名交じり文を読んだり書いたりできるような力を身につけさせることにある。文を読んだり書いたりする能力は読解力や作文力となるが、文字指導では、読解力や作文力の下位能力としての、平仮名、片仮名、漢字、ローマ字の認識力と表記力の育成になる。

　日本語教育では、国語教育と同様に易しいとされる平仮名の指導から始め、その後に片仮名、最後に漢字を導入する。具体的な指導においては、文字の提示を行い、音声と共に字形の認識を目指す。提示の段階では、書き順も併せて指導する。書き順の練習は、記憶の助けになるばかりではなく、文字の構造を理解する上で大切になる。この段階で書くことに慣れておくことは、その後の作文を書く課題に対応するためにも基本的な練習になる。

　文字が認識できるようになり、全ての平仮名が分かる段階になっても、

文章をすらすらと読めることの保証にはならない。初期の段階では、一字一句の字形と音声を確認しながら読むために、たどたどしい読み方になることが一般的である。また、「ざっし」(促音)「ひこうき」(長音)「しんぶん」(撥音) などの特殊拍を含んだ言葉や、「じゅぎょう」「はっぴゃく」「きゅうひゃく」などの拗音を正しく発音するのに時間がかかることもある。同様に、これらの音が認識できても、正しく表記できるかどうかは実際に書かせてみないと分からない。文字指導は「読み」「書き」と一体で指導することが肝要になる。

　文字の指導では、常に「認識」と「再生」の繰り返しが定着を促進させるための学習活動になる。したがって、文字指導では、この認識と再生を繰り返しながら目標の達成を目指すことになる。

2-3. 語彙知識

　語彙知識とはいったいどのような知識を言うのだろうか。見知らぬ外国へ行って、コミュニケーションをとろうとするとき、辞書を片手に、単語を並べて、何とか自分の言いたいことを伝えようと努力する。文法知識が不十分であっても、単語を並べれば、何とか自らの意思を伝えることができる。また、漢字圏である中国のようなところへ行った場合、日本人であれば、筆談で言いたいことを理解してもらうことも時には可能となる。また、日本語を習い始めた学習者が、限られた単語を駆使して言いたいことを表現しようとしている時、教師は文脈から何とか言いたいことを推測することも可能である。このように、語彙知識というのは、学習者が母語ですでに獲得している概念や知識を、新たに学ぶ外国語、ここでは日本語の言葉で身につけて、運用する知識と言える。もちろん、学習者の母語にない、日本語固有の概念や表現、例えば、「もったいない」「財閥」「系列」などの言葉は、新たに学ぶことによって語彙

力を増やすことも可能である。

　ただ単に習得している語彙の数が多いからといって語彙力が高いとは言えない。日本の大学受験を経験したことのある人であれば、丸暗記した英単語の数はおそらく何千にも及ぶだろう。しかしながら、暗記した英単語の数が多いからと言って、読解力や聴解力、そして会話力が単語数に比例して高くなるとは限らない。日本語学習者にも同様なことが言える。

＜意味や概念に関わる知識＞

　同じ言葉であっても、異なる文脈や場面などで使ってしまったために、不自然な日本語になったり、誤解を与えてしまったりすることがある。例えば、休みの日にデートした二人の一方が、特別にやってきたことを表現するために、「わたしはあなたに会うためにわざわざ来ましたよ」と言ってしまったら、聞いている方は相手に対して悪い印象をもってしまうかもしれない。また、また自動詞と他動詞を混同してしまい、「みなさん、集めてください」と言ってしまったら、誰も集まらないで、誰もが「何を集めるのか？」と悩んでしまうかもしれない。語彙の意味や概念の理解は、文脈における認知や、固有の定義による理解、また、辞書からの理解など、その多様さを前提としている。

＜音韻・文字に関わる知識＞

　「雨水」のように、書き言葉が理解でき、「あめ」「みず」が分かっていても「あまみず」と発音できなかったり、聞いても意味が理解できなければ語彙力が高いとは言えない。語彙力は、意味・概念理解のレベルから、音声・文字の理解レベル、そして発音や綴りといった表現レベルと能力も複層的であることを認識しておく必要がある。

　日本語には、和語、漢語、外来語があって、同じ意味でも、多様な表現の仕方が存在する。例えば、「お知らせ」「通知」「インフォメーション」

などである。外来語などは主に片仮名で表記されるが、「インフラ」「パソコン」のように本来の言葉（「インフラストラクチャー」「パーソナルコンピュータ」）が短くなったりする。ホテルの「フロント」のように原語の意味（玄関、正面）から変化してしまっている場合もある。このように、語種と語感、意味のつながりに関する知識も音韻と文字の両面から学ぶ必要がある。そして、語彙知識とはそのような知識を背景に、文脈の中で正しく意味を理解でき、作文や口頭表現の際に正しく語彙を使用（発音や綴りも含め）できる能力であると言えよう。

＜語構成・語形成に関わる知識＞

　語彙は、名詞、形容詞、動詞などの内容語のほかに、代名詞、接続詞、助詞、助動詞などの機能語もある。また、単純語に対する合成語、そして合成語は派生語と複合語に分かれ、さまざまなレベルにおける種類が存在する。接頭辞、接尾辞などの知識は、新たな言葉に遭遇したときに、理解を助けることになるだろう。

　語彙を豊かにするためには、２つ以上の単語または語の要素が組み合わさって新たな意味を形成する複合語について理解しておくことが大切になる。「（家を）建てる」から、「建設する」「建設会社（職種）」「○×建設（会社名）」と関連づけて語彙を増やしていくことも可能である。

　漢字語彙には訓読み、音読みがあり、両方の理解が必要である。また、日本語には同音異義語が多いので、「キュウコウ」と聞いてもどの言葉（急行、休講、休校、旧交…）を連想するかは人によって違う。意味が同じような類義語や、一見似たような字形の漢字であっても、文脈の中で正確に意味を理解でき、適切に選んで使用できることが大切になる。

　このように、言葉の成り立ちや構造に関する知識は、実際の運用面で大きな助けとなる。これらの言葉が、学習者の母語の品詞と全て対応するものばかりとは限らないが、学習者は日本語の語彙を体系的に把握し

ておくとが必要になる。

　語彙に関わる知識というのは、意味と語彙の種類、語構成、語形成などの知識が総合的に身についたものであると言えよう。以下の表は、日本語教育で取り扱われている語彙に関する学習項目をまとめたものである。

表11-3　語彙に関する学習項目

○名詞に関する知識：人物を表すもの、事物を表すもの、出来事や現象を表すもの、時間を表すもの、空間を表すもの、代名詞、数量詞などに関する知識、など

○形容詞に関する知識：人の属性を表すもの、事物の属性を表すもの、人の感情や感覚を表すもの、活用に関する知識（イ形容詞とナ形容詞）、機能に関する知識（連体修飾機能・述語機能・連用修飾機能）、ガ格との結びつき、など

○動詞に関する知識：活用、ヴォイス、テンス、アスペクトに関する知識

○副詞に関する知識：様態副詞、程度副詞、陳述副詞、など

○接辞（接頭辞・接尾辞）に関する知識：和語と漢語との関係、品詞の変化、漢字表記、など

○複合語に関する知識：複合名詞、複合形容詞、複合動詞、複合形容動詞、変音に関する知識（連濁）、など

○慣用句に関する知識：比喩的な連語、故事に基づくもの、社会的一般化、語呂合わせ的なもの、など

○類義語に関する知識：意味における差、外来語との関係、など

○反義語に関する知識：

○和語に関する知識：語形に関する知識、変音に関する知識（連濁）、語義に関する知識、文体に関する知識、など

○漢語に関する知識：語形に関する知識、合成・造語機能に関する知識、語義に関する知識、文体に関する知識、など

○外来語に関する知識：語形に関する知識、意味変化に関する知識、語義に関する知識、発音に関する知識、表記に関する知識、など

○混種語に関する知識：組み合わせに関する知識、読み方（湯桶読み・重箱読み）に関する知識、など

○語構成に関する知識
○連語に関する知識：活用連語に関する知識、助詞相当連語に関する知識、など
○表記に関する知識：仮名、漢字、語幹と活用語尾の表記、漢字仮名交じりの表記、など
○接続詞に関する知識：順接に関する知識、逆接に関する知識、話題の転換に関する知識、など
○位相（性別・年齢・職業・立場・話し言葉・書き言葉）に関する知識
○擬声語・擬態語に関する知識
○その他

　語彙の役割と機能は多岐にわたる。語彙を導入する際に、語彙がどのような学習目的のために取り上げられているのかを考えるヒントにしていただきたい。

2-4. 語彙知識と指導における目標

　語彙力は、学習者が日常生活の中で使われている語彙を理解し、また使用できる能力である。場面や文脈の中で使われる語彙の意味を正確に理解できるかどうか、また、必要に応じて使用できるかどうかが重要になる。ただ単に語彙リストの語彙を丸暗記していればよいというものではない。一般的に必要な語彙は、名詞、形容詞、動詞、副詞、接続詞、助数詞、慣用句などであるが、学習者の語彙力を伸ばすために、教師は語彙の仕組みや構成について理解しておくことも大切になる。例えば、和語、漢語、混種語、外来語などをはじめ、熟語の構成や読み方（音読み、訓読み、重箱読み、湯桶読み）なども理解し、必要に応じて学習者に語彙力を高めるヒントとして提示していくことも求められる。また、接頭語の「お」「ご」の使い方、また助数詞「本」「台」「枚」などの接尾語がつくものが何かなど、語の仕組みについて基本的な情報を提供することによって、学習者の語彙力を向上させられる。

　語彙の選定と配列は、教科書を選んだ段階である程度は決まってしまうと言えよう。したがって、教科書選びはとても大切になる。学習者の学習ニーズやプログラムの到達目標を十分に理解した上で、教科書を選定することが重要である。実際の授業では教科書の内容を全て網羅することは不可能であるから、重要度、使用頻度など大切な語彙を絞り込んで導入していくことも求められる。また、語彙を、「理解語彙（受容語彙）」と「使用語彙（産出語彙）」という視点から分けて考える必要もある。実際の生活や職場、学校などの場面で読んで分かればよしとするレベルの語彙と、理解をした上で、さらに実際に表記してほしいレベルの語彙がある。例えば、日常生活で「非常口」という語彙は、実際に書くことはほとんどないが、漢字を見たり、音声で聞いたときに意味が理解できるかどうかはとても重要なことだ。したがって、「非常口」のような言葉は、理解語彙として捉え、指導の際には漢字の読みや意味の理解ができるかどうかなど指導のねらいを考える際に留意する必要がある。どの語彙を理解語彙とし、使用語彙とするかの決定は、学習目的や到達度の目標、また、学習者の日本語力のレベルとも大きく関わることになるので、慎重に検討することになるだろう。教科書の巻末の語彙リスト、あるいは語彙一覧を見れば、どのような語彙が導入されているか分かるので、参考にすることをお薦めする。

　日本語教育で教えられる語彙は、単独で扱われることはほとんどない。語彙は、文脈や状況の中で導入されることが一般的である。これによって、正しい語彙の意味と用法が習得できるからである。語彙力は、聞いたり読んだりして分かる理解レベルから、実際に書いたり話したりするときに活用できる表現レベルまで幅広く、言語運用力としての４技能、読解力、聴解力、文章表現力、口頭表現力全てを支える基礎力になる。語彙力が乏しければ、日本語を理解することも困難になり、表現するこ

とも難しい。裏を返せば、語彙力は、言語運用力のいかなる部分においても不可欠な能力で、日本語教育の重要な部分を担っている。聴解、読解、作文、口頭表現などにおける学習目標を明確した上で、適切な語彙が選択され、指導されることが望ましい。

2-5. 文法知識

　私たちが日本語を使ってコミュニケーションをとるとき、単語を並べて何とか自分の意思を伝えようとするレベルから、文を構成して伝えようとするレベルまで多様である。例えば、「これ」「本」「きのう」「買う」と単語を聞いても、相手が何を言おうとしているのかよく分からないことがある。相手に自分の意思を伝えるためには、単語の他に、ここに挙げられた単語を結びつけて、しかも、適切な形にすることによって意味のあるコミュニケーションを成り立たせることが必要になる。

　上記の単語を組み合わせてみると、いくつかの文を作ることができる。「これは、本です。きのう買いました」「これは本ですか。きのう買いましたか」「これは、きのう買った本です」などである。「きのう」という言葉から、学習者は過去を認識できる。日本語では、助動詞によって過去の概念を表せるので、「買います」を「買いました」に形を変えられる。このように、形（形態）と言葉と言葉の結びつき（統語）に関する規則について学ぶことによって文を生成するために必要な知識、すなわち文法知識を獲得していくことになる。学習者は、個別に学んだ文法知識を、文を生成する段階で有機的に関連させながら、正しい日本語を産出することが可能になり、徐々に複雑で高度な操作をすることもできるようになる。文法知識がなければ、また文法知識が限定的では、限られたコミュニケーションしかできない。文法知識はコミュニケーションの基礎となる大切な知識の集合体と言える。

　日本語指導をする際には、日本語教育の現場で教えられている文法事項について十分に理解しておくことが必要である。文法事項に精通しておくことによって、文法項目の難易度や指導の配列順序等教育的立場から適切に指導することが可能になるからである。

2-6.　文法知識と指導における目標

　文法知識とは、文法規則についての専門的な知識ではない。日本語教育の現場では、文法の専門家を育てているわけではないので、学習者にとっての文法知識とは、言葉についての仕組みに関する知識とその知識を実際のコミュニケーションの中で運用できる力であると捉えることが大切である。したがって、文法指導では、常にコミュニケーションを成立させるための運用力につながる文法知識の伝授とその習得が目標になる。そのためには、具体的な行動目標を明確にしておく必要がある。次頁の表は、初級レベルで導入される文法項目に対応した行動目標の一例を示したものである。この表は、『初級日本語』（東京外国語大学留学生日本語教育センター編）における文法知識と行動目標が示してある。文法知識は、学習項目としての知識で、行動目標は、ある文法項目を習得したあかつきに、学習者に身につけてほしい運用力を示したものになっている。教育現場では、文法知識と行動目標を一体化させて指導することが大切になる。

表11-4　文法項目と行動目標

＜文法知識の概要＞（一例）	＜行動目標＞
○名詞に関する知識 ・文型（名詞文）：名詞文が分かる ・疑問文：疑問文が分かる	・自己紹介（氏名、国名、職業、所属）ができる ・他人を紹介することができる。 ・ものの名称が言える。
○形容詞に関する知識 ・イ形容詞が分かる ・ナ形容詞が分かる	・自分の物、国について紹介できる。 ・いろいろな場所の説明ができる。 ・形容詞を使って詳しい説明ができる。
○動詞に関する知識 ・動詞の活用：動詞のテ形が分かる ・否定疑問文：否定疑問文が分かる	・日常生活のごく基本的な行動が言える。 ・過去の事柄の説明ができる。 ・順を追って日常生活の行動が話せる ・誘うことができる

出典：『直接法による日本語指導書』東京外国語大学留学生日本語教育センター指導書研究会編（2012）から作成

3. 初級における技能別教育目標

3-1. 読解力

　次に示す表は、ある日本語教育機関における、初級の「読む力」を言語能力記述文（Can-do statements）としてまとめたものである。ここで示されている能力は、指導の結果、学習者に身につけてもらいたい読解力である。

表11-5　読解力（Can-do statements）

	読む
初級前半	・基本的な文の構造が分かる ・キーワードが分かる ・文章のテーマが分かる ・5W1Hが読みとれる ・指示語が分かる ・掲示などで、未習語があっても必要な情報が読み取れる ・事実文か主観的な表現かの区別ができる ・簡単な表が読める 　（50音図、教科書中の時間や数え方の表、教科書の付録の活用表、時間割等） ・設問・指示の内容が分かる ・漢字仮名交じり文が読める ・文の区切りが分かる
初級後半	・文中の修飾関係が正しく読みとれる ・文の接続関係や副詞の意味が分かる ・キーセンテンスが分かる ・文章全体のテーマ・書き手の意図が分かる ・必要情報・重要情報がとれる ・例示部分が分かる ・指示する語が分かる ・文のまとまりにおける事実と意見の区別ができる

　上記の読解スキルを身につけさせるためには、どのような文章を読ませることによって身につくのかを検討する。日本の大学に進学するための日本語教育プログラムの場合には、日本の生活や文化などを扱った文章や、留学生の日常生活や日本での異文化体験などをテーマにしたものが読み物となる。

3-2.　聴解力

　以下の表から、聴解力をより具体的な形で把握することができる。これらの能力を身につけさせるための指導法を検討することになる。

表11-6　聴解力（Can-do statements）

	聞く
初級前半	・教師の言っていることを理解し指示に従って行動できる ・身近な事柄についてキーワードとなる情報が聞いて分かる ・叙述と質問の区別ができる ・質問の意味を理解し、それに答えることができる ・指示を聞いて反応できる
初級後半	・日常的な内容についての解説やスピーチが分かる ・授業の内容に関する説明や、行事・日程・手続きについての説明が分かる ・やや専門的な内容（初級の文型や語彙の範囲）が聞いて分かる ・話のテーマや大筋が分かる ・必要な情報を選んで聞き取ることができる ・パニックにならずに未習語を聞き流すことができる ・評価、賛否などが分かる ・発話機能を理解し適切な反応ができる

　初級では語彙数も少ないために、場面や文脈、また背景知識が聴解力の下支えになっている。まずは身の回りで耳にする日本語が聞けるようになることが第一歩となる。語彙が増すことによって、発話のキーワードが理解できるようになったり、叙述と質問の区別ができるようになったりする。聴解力を伸ばすには日本語を聞かせる機会を多く設けることが鍵となる。

3-3. 文章表現力

　次に示す表は、ある日本語教育機関が、「文章表現力」を構成すると考えられる能力を、言語能力記述文としてまとめたものである。

表11-7 文章表現力 (Can-do statements)

	書く
初級前半	・名前、国名を書くことができる ・単文の書き取りが正確にできる ・板書などを書き写すことができる ・質問に対して答えを書くことができる ・原稿用紙に書くことができる
初級後半	・正しく単語を列挙する書き方ができる ・重文、複文構造の文を書くことができる ・段落を使って書くことができる ・時間的な順序を追って書くことができる ・希望や意志を伝える文を書くことができる ・コンピュータで日本語入力ができる

　留学生のライティング力を日本の大学で必要な文章表現力という視点から分析し、明示したものである。初級前半のライティング力というのは、単語レベルから単文レベルまでを対象にしている。そして、原稿用紙の正しい使い方が分かるかどうかもスキルに含んでいる。

3-4. 口頭表現力

　次には、留学生の口頭表現力を大学での勉学という文脈に限定して分析した形で提示し、基本的な口頭表現力であり、かつ授業で身につけてほしいスキルとして概観してみる。

　ここでは、口頭表現力を「独話」と「会話」に分けて提示する。

表11-8　口頭表現力（Can-do statements）

	話す（独話）
初級前半	・単語、単文レベルの発話を復唱できる ・外来語を日本語発音と母語発音の違いに注意して発音できる ・特殊拍などに注意して発音できる ・主部と述部の関係に注意して発話できる ・時の概念に注意して発話できる
初級後半	・時間的な流れに沿って話すことができる ・人物、物の具体的な様子、形状、仕様などについて簡単に説明できる ・見聞きして入手した情報を第三者に伝えることができる ・生活場面における物事の手順について説明できる ・自らの希望や意志について話すことができる ・自らの行為の目的、義務、可能なことについて話すことができる ・ある状況を仮定して、どうするか述べられる

表11-9　口頭表現力（Can-do statements）

	話す（会話＝聞く・話す）
初級前半	・分かったことと分からないことを区別できる ・分からないということを相手に伝えられる ・聞き返せる ・必要な情報を確認できる
初級後半	・相手の言っていることに対して質問すべき点が分かる ・切り出したり、割り込んだりすることができる ・質問に的確に答えられる ・適切にあいづちが打てる

　初級前半のレベルでは、音声面での指導が中心になることから、コミュニケーション力というよりも、基本的な発音に関わるスキルが中心になっている。また、日本語の構造や文法を意識して発話できるかどうかも大切なスキルとして見なされている。

　初級後半レベルでは、身の回りの事象・事実について表現できる能力が加わり、仮定条件のもとでの自らの判断や決定、意志や希望などにつ

いても述べることができるようになる。

4．実践例

　では具体的にどのように指導を行うことになるだろうか。ここでは、東京外国語大学での留学生に対する日本語指導法を参考に、直接法での教師の指導例を紹介する。

①語彙の導入
・語彙の導入：教科書とイラストCDを活用して、文型導入の前に語彙学習をさせる。
・語彙の予習：必要に応じて、教師は付属教材やeラーニング教材を使って学習者に予習を課す。

②文型の導入
・文型の導入：既習の語彙と文型を使って、新たな文型や意味を導入する。直接法では文法用語を使った説明はほとんど行わず、イラストCDの絵などを使って、その文型が使われる状況を提示し、学習者の類推力を高める。
・文型の確認：学習者が理解したか、正しく使えるかは問答を通じて定着を図る。
　イラストCDの絵を使って効果的に進める。
・文型の復習：eラーニング教材の「文法」を使って、例文の音声を聴いて理解の復習をする。文法の説明は、必要に応じて多言語で用意されたものを読んで確認する。

③文型の練習
・文型の練習：eラーニング教材の「ドリル」には、例文が音声と共に用意されているので、学習者はそれらを聴いて文を作り、録音してモ

ニターすることで練習を進める。

④文型の応用練習

・会話の練習：eラーニング教材の「会話練習」を使って、「自己紹介」「誘い」「依頼」「断り」などの会話目的場面を設定し、既習文型をいくつか組み合わせたコミュニカティブな練習をする。

・教室の活動：これまでに多くの教科書等で紹介されている教室活動を応用して授業が活性化するように進行させる。

⑤運用能力の向上

・＜会話力＞具体的な場面を設定し、既習文型や語彙を運用させる。

・＜聴解力＞具体的な場面の中で、必要な情報が聞き取れるよう練習させる。

・＜読解・作文力＞総合的な応用読解教材として、まとまった内容の文章を読み、その文章を利用した作文練習をさせる。

　以上が一般的な授業の組み立て方の一例である。もちろん授業の最初の段階で、前回の復習をしたり、文字指導をしたりして学習者の学習意欲を高めるような活動を取り入れることもある。大切なのは、学習者が今何を学んでいるかを実感できるような教材の提供と授業の進行である。

参照文献

高見澤孟監修（2016）『新・はじめての日本語教育1［増補改訂版］』アスク出版
高見澤孟監修（2016）『新・はじめての日本語教育2［増補改訂版］』アスク出版
東京外国語大学（2007）『JLCスタンダーズ』東京外国語大学留学生日本語教育センター
東京外国語大学留学生日本語教育センター指導書研究会編（2009）
　『直接法による日本語指導書』東京外国語大学GPグローバル戦略としての日本語

　eラーニング‐e-日本語2.0プロジェクト

東京外国語大学留学生日本語教育センター指導書研究会編（2009）

　『直接法で教える日本語』東京外国語大学出版会

日本語能力試験JLPT.　Ｎ１〜Ｎ５：認定の目安　日本語能力試験 https://www.jlpt.

　jp/about/levelsummary.html.（引用 2023.11.22）

12 | 指導法②中級

伊東祐郎

《目標＆ポイント》 日本語レベル中級以降の学習者の到達目標をCan-do statementsによって理解し、技能別学習内容と指導方法について学ぶ。
《キーワード》 Can-do statements、文法能力、社会言語学的能力、談話能力、方略的能力

1. 日本語能力の中級レベルとは

　中級以降では、日本語の基礎・基本を習得した学習者にさらに日本語力を身につけてもらうための教育が中心になる。学習者の学習ニーズの多様さや学習目的の多彩さから、中級以降では画一的な指導を行うことが難しくなり、指導内容や指導方法は学習者のニーズに基づいて多様化する。留学生のように、将来日本の高等教育機関で勉強をすることを目的に日本語を学んでいる場合は、アカデミック日本語という名の下に、指導の目標設定と目標達成のための指導項目を配列することで、ある程度のシラバスやカリキュラムのデザインは可能になる。一方で、介護や看護など職業のための日本語となると、働く環境や場面、状況等が異なるために、求められる日本語運用力も当然のことながら異なる。

　この章では、4技能をバランスよく学ぶ必要のあるアカデミック日本語に焦点を当てて、中級以降の特に技能別の指導内容と指導方法について論じることにする。

2. 読解力

2-1. 教育目標としての読解力

　次に示す表は、ある日本語教育機関における「読む力」の到達目標を
まとめたものである。ここで示されている能力は、読解力を下支えする
言語スキルである。最終到達目標に至るまでに必要となる言語スキルが、
中級前半から中級後半まで、能力別に示してある。

表12-1　読解力（Can-do statements）

	読む
中級前半	・段落ごとの内容を把握して読める ・段落間の接続関係が分かる ・論理の展開を追いながら読める ・因果関係が正しく読み取れる ・指示する語や文が分かる ・辞書を使って読める ・意見文や説明文などのテキストタイプが分かる ・部分的言語要素からフレーズ全体が予測できる ・統計資料・図表等の情報を読み取ることができる ・社会・文化背景知識を活性化できる
中級後半	・文章全体の構成が分かる ・論理の展開を予想しながら読める ・未習語に対して推測を働かせて読める ・多量の情報から、必要とされる情報を素早く取捨選択できる ・目的意識を持って読める（例：小論文作成のための資料探しなど） ・その他

　中級レベルではまとまりのある文章を読むことが多い。文単位の理解
から段落単位の理解、最終的には論理の展開を含め論旨がわかるレベル
まで指導する。また、文字情報だけでなく図表などの統計資料の情報を
正確に読み解く力も求められる。

2-2. 読解の指導

　学習者が書き言葉を理解するためには、まず文字の理解が欠かせない。平仮名、片仮名の理解が基本にあって、漢字表記の解釈が可能になる。単語レベルから単文、そして、複文、長文へと、文字で書かれたものは全て読解の対象になる。単文によるメモ書きを読ませるレベルから、まとまりのある説明文や叙述文、また小説の一部を読ませ解釈することも指導の対象になり、読解指導は幅広い。したがって、読解指導において教師は、学習者が書き言葉で表現されたものをどのように解釈して理解していくのかそのプロセスを理解しておくことが大切になる。また、文や文章の扱うテーマに関する予備知識なども影響することを認識し、読解指導を行う前に、学習者の頭の中を活性化させておくことも重要になる。

　書かれたものを読んで理解する場合、一つひとつの文字や単語を識別しながら、一文を理解し、段落の内容を把握し、最終的に文全体を解釈する場合がある。このような読み方はボトムアップ（Bottom-up）リーディングと言われている。特に初級レベルではこのような読み方を中心に指導する。このボトムアップリーディングとは、通常、文字、単語、文法などに焦点を当てて読解のプロセスを考えようとするものである。言語データを理解し、具体的スキーマから情報処理を行う過程だと考えられている。このような処理は、精読法とも呼ばれているものである。

　一方、書名や題名から内容を推測することがある。また、読み手がこれまでに蓄積してきた知識を活用して内容を予測したり、新たな言語情報に照らし合わせつつ、予測を修正したり、確認したりして、読解を進めていく読み方がある。このような読み方は、トップダウン（Top-down）リーディングと言われている。具体的には、過去の知識や一般的な概念知識から具体的なスキーマを引き出して読解を進めさせようとするものである。中・上級の読解指導においては、多読法、速読法と呼ばれてい

るものである。また、文章からどのような情報を得ようとするかによって、すなわち読みの目的に応じて、スキャニング（走り読み）、スキミング（拾い読み）などを行っているので、外国語としての日本語の読解においても母語での読み方を応用できるような指導も必要になる。

　読解指導では、読み方の指導に留まらず、学習者にいろいろな質問をすることによって、その応答から内容の理解度を確認することも含まれる。その際に重要になってくるのは、教師がどのような事項を確認しようとしているかによって質問の仕方も異なってくるということである。初級レベルでは語彙や単文の意味の確認が中心となるが、中級では段落毎の要点や文章全体の筆者の主張などが理解できているかの確認質問などがある。質問に対する学習者からの応答によって、何が理解できていて何が理解できていないかを適切に把握しながら、読解力を育成していくことを心がけることが肝要になる。また、読解指導で重要になってくることは、学習者に何を読ませるか、学習者は実際に何を読む必要があるかなど、学習者のニーズに基づいて読解教材を選ぶことが重要になる。これらのことを吟味せずに読解教材を選んで、読解文に含まれている語彙や文法を教えて読解指導を行ったと錯覚しないよう留意する必要がある。野田・桑原（2022）は、日本語コミュニケーションのための読解教材を作成する際の留意点を以下のようにまとめている。

（１）　現実的な状況設定：どのようなときにどのような文章を読むのかという状況設定を現実的なものにする。

（２）　明確な目標設定：その文章を読んで何を理解できるようにするのかという目標設定を明確なものにする。

（３）　読解技術の明示：その文章のどの部分に注目し、意味をどのように理解すればよいのかという読解技術を明示する。

　このように、学習者の日本語力を考慮しながら、現実的な状況設定を

した上で、読解技術を高められるような指導を心がけることが必要になってくる。

3. 聴解力

3-1. 教育目標としての聴解力

　次に示す表は、日本の大学に入学するための日本語プログラムにおける、聴解力を下支えする聴解スキルをまとめたものである。聴解力を育成するためには、この表に示されている聴解スキルを身につけさせるための教育活動を検討することになる。最終到達目標に至るまでの言語スキルが、中級前半から中級後半まで、能力の段階別に示してある。

表12-2　聴解力（Can-do statements）

	聞く
中級前半	・語彙、文型が制限された、講義、スピーチが聞いて分かる ・キーワードを聞き取ることができる ・話のテーマや大筋が分かる ・講義や発表の構成が分かる（話題－提示－背景説明－根拠－例示－主張といった本論に沿った内容か、脱線している部分か、本論に戻ったのかなどの話の流れが分かる） ・結論を予想しながら聞くことができる
中級後半	・未習語の意味を類推しながら聞くことができる ・意見を批判的に聞くことができる ・社会、文化的知識を活性化して聞くことができる ・講義などをメモを取りながら聞くことができる ・講義などを資料を見ながら聞くことができる

　中級レベルでは何が聞けるかという視点から、具体的に聴解の対象となる発話形式を明示すると聴解力がわかりやすくなる。上記のように「発表」「講義」などを明記する方法である。これによって聴解力を育成するための聴解教材も検討かつ選択しやすくなる。

3-2. 聴解の指導

　初級では、基礎能力として単音や単語、単文の聞き取り能力を養成するために、ディクテーションやキーワードの書き取り練習を行い、聴解テキストを聞かせた後の質問で、文法の知識を問うたり、音韻の違いの認識ができるかどうかを把握したりするが、中級では、話者の感情、態度を理解するために、イントネーションや音の強弱、ポーズ（無音）、卓立（プロミネンス）などの高次の音声処理に関わる知識の有無の確認も必要になる。一般的に、中級では、全体の様子や背景、関連情報を参考にしながら、内容を予測したり推測したりするような指導を行って、内容理解力を高めることを中心にした指導を行う。聴解活動では、さまざまな音声言語を認識し、文法や語彙の知識を活用して瞬時に意味を把握することが求められるために、聴解のストラテジーを身につけることも重要視されている。

　このように、外国語を聞いて理解できるということは、話し言葉である音声の認識と意味の理解が前提となる。では具体的にはどのような聴解能力が求められているのだろうか。聴解は、書き言葉で表現されている日本語と違って、全て音声で与えられる内容を瞬時に受け取り、意味を解釈したり、内容を把握したりして、連続して音声情報を処理していかなければならない。時には、不必要な情報を無視し、必要な情報を有機的に関連づけてメッセージを理解する必要がある。そのためには、語彙力、文法力と共に、社会言語学的能力、談話能力、そして方略的能力も大きな助けになる。

　以上のことを踏まえ、聴解力がどのような下位能力から構成されているのか簡単にまとめてみる。

＜社会言語学的能力＞

　聴解では、場面や話題、聴衆によって異なる話し方が存在していることを学習者が認識し、適切な聞き方をするために、社会的・文化的知識を活用できる能力が必要である。話者の発話形式は、話者の心理やその時の場面、環境、文化、社会的な状況によって変化する。例えば、結婚式の披露宴での友人の新郎新婦に向けたスピーチと、披露宴後の新郎新婦との会話とでは、発話のスタイルが異なっている。スピーチには敬語を含め、ある種の形式が存在し、その形式に沿って話される。一方、親しい友人同士の会話では、形式はある意味では存在しないかもしれない、気軽なとりとめもない内容の話で終始するだろう。このような状況では社会言語学的能力が助けとなる。

＜談話能力＞

　学習者は実にさまざまな種類の話し言葉を聞いている。聴解力と言っても、何を聞くかによってその聞き方も異なってくる。例えば、駅のアナウンスであれば、電車の遅延に関わる情報か否か、あるいは、電車が近づいてくるという注意喚起のアナウンスかどうか、など自分にとって必要な情報か否かを確認するための聞き方をする。

　講義などでは、話者の主張、その根拠や理由など、全体のつながりを関連させながら聞いて、論理の展開を予想したり、談話の流れや種々の論理的関係や因果関係などを見つけ出したりする論理的な思考能力も必要である。結束性や一貫性などが聴解活動に影響することがあるが、全体の構成から発話内容のテーマや趣旨を理解する能力も求められる。このように聴解力における談話能力とは、場面や状況を理解して、発話の意図を理解する能力になる。

＜方略的能力＞

　日常生活における短い会話では、場面の状況や文脈から相手の言っていることを推測したりすることは可能であるが、講演や講義などあるテーマについての話となると、そのテーマに関わる背景知識がないと十分に理解できないことがある。したがって、聴解力には、テーマや場面、状況における背景知識の有無が影響していることを認識しておかなければならない。言語外知識に関する能力としては、話題やテーマに関する知識、一般教養、一般常識などの社会文化的知識や対応能力がある。あわせて、情報処理に関する能力として、必要な情報とそうでない情報を取捨選択する能力も必要である。

　聞くという行為には、一方的に聞くという状況に限定されるだけでなく、話し手と聞き手によって成立する相互コミュニケーションがある。日常の言語活動では、聴解活動と口頭表現活動が一体になっていることが多く、相互に影響し合う言語行動がある。このようなコミュニケーションにおいては、次から次に流れてくる音声情報を瞬時に処理していく能力、また、非言語的な手がかり（話し手の表情や身振り手振りなど）を活用しながら不足しているものを補いつつ聞くという方略的能力も必要となる。

4.　文章表現力

4-1.　指導目標としての文章表現力

　次に示す表は、ある日本語教育機関における、「文章表現」の授業で目標とされているものをまとめたものである。留学生のライティング力を日本の大学で必要な文章表現力という視点から分析し明示したものである。

表12-3　文章表現力（Can-do statements）

	書く
中級前半	・主述が対応した文を書くことができる ・物事の定義を書くことができる ・対比させて書くことができる ・順序立てて並べた書き方ができる ・事実と考えを分けて書くことができる ・適切な例を挙げて書くことができる ・決まったアウトラインを使って書くことができる ・内容に則して段落を作ることができる ・体言止めで問いの答えを書くことができる
中級後半	・文章構成の型に倣って意見文（反論）を書くことができる ・主張と根拠を書くことができる ・情報を整理し、まとめることができる ・評価や主張の入った適切な結論で締めくくることができる ・辞書を活用し適切な語彙を選択して書くことができる ・文体や目的に応じた語彙の選択ができる ・文末表現の適切な使用ができる ・接続詞による多様な展開ができる ・話し言葉を混ぜずに文体を統一して書くことができる ・小段落の内容を一文にまとめることができる

　最終到達目標に至るまでのライティング力を中級前半から後半にわたって段階別に示してある。中級前半のライティング力というのは、初級で獲得した単語レベルから単文レベルまでのライティング力を前提に、文の構成や内容などに関わるスキルへと変化し、コミュニケーションの視点からライティング力を捉えている。

4-2. 文章表現（ライティング）の指導

　初級レベルでは、文法や語彙知識が十分でない学習者には、長文を書かせるような課題は不適切だったが、中級になれば文法力や語彙力に配慮した作文のテーマが相応しいだろう。日本語学習が進んで中級や上級

レベルに達した頃には、ある程度のまとまりのあるものを書かせること
が可能になる。

　では作文は課題ごとにどのような違いがあるだろうか。中級レベルで
はテーマごとに表現意図は異なり、扱われる文型や語彙だけでなく、文
種、表現形体も拡大する。上位レベルに進級するにしたがって、関連づ
け、理由づけ、定義づけなどを、説明文、記録文、報告文、解説文、学
術論文などで記述していく高度な能力が必要になってくる。

表12-4　表現意図と文章トピックの展開例

1　物の形・状態・場所［トピック］部屋探し・比較・場所の様子の説明
2　物事の前後関係［トピック］日記・待ち合わせ・予定
3　物事の仕組み・手順・方法［トピック］図書館の利用法・病院での診察・
　空港までの交通
4　物事の因果関係［トピック］コンビニエンス・ストア
5　行為の理由・目的［トピック］手紙（留学の計画）・悩みへのアドバイス・推薦
6　共通点・類似点・相違点［トピック］見舞いの時の習慣・比較・習慣の違い
7　伝聞・引用［トピック］大学生日米比較・余暇の過ごし方
8　意見述べ［トピック］突然死・塾通い・クリスマスの過ごし方
9　物事の変化・推移・過程［トピック］手紙（近況報告）・化石ができるまで・
　人物の経歴・生活の変化
10　物事の仕組み・手順・方法［トピック］地震・料理の作り方・ゲームの遊び方
11　物事の因果関係［トピック］出生率低下・推理
12　行為の理由・目的［トピック］大学生のアルバイト・動機
13　共通点・類似点・相違点［トピック］味の違い
14　具体的事実から全体的特徴をつかむ［トピック］日本語と韓国語・人の性格・
　寝る時間・大学進学率・生活レベル
15　賛成意見・反対意見［トピック］生活の豊かさ・高校生のアルバイト・終
　身雇用制度・結婚後の女性の仕事
16　文章の要約［トピック］物語文・説明文・意見文

出典：『表現テーマ別 にほんご作文の方法』（第三書房）から作成

　文章表現力と一口で言っても、実際に日常生活の中で、日本語で文を書くという活動は多岐にわたっていて、それぞれの活動に求められる知識や能力も多様である。何か文を書く場合、書き手にとって伝えたい内容があり、その内容を伝えたい読み手がいるのである。

　それでは、私たちはどのような文を書いているのだろうか。個人的な日記や、手紙、メモ、私的電子メールなどがある。これに対して、学校などで書く、作文、レポート、要約文、レジュメなどは誰が読んでも分かりやすいように、文法的にも正しく、語彙も適切なものを選んで仕上げる必要のあるものである。職場などでは、電話で聞いた内容を同僚や上司にメモに書いて伝えたり、報告書や議事録、また企画書などを書いたりすることもあるだろう。職場内外に向けた公式の手紙や招待状を書いたりする場合もある。

＜文法能力＞

　作文における文法能力とは、動詞や形容詞の活用や助詞などの知識のみならず、語彙の知識も活用して文を構成できる能力である。日常生活のメモ書きと公文書とでは、依頼表現一つをとってみても「すぐに返事をください」「至急返信ください」「速やかなご返信をお願い申し上げます」のように語彙の選択に違いが見られる。また、和語や漢語の使い分けも必要になる。書く目的や読み手を意識することによって、書体や表記の仕方も変わる。手紙などの日常の文書では、「です・ます体」で書く場合が多いが、レポートや論文などでは「である体」で書く。また、句読点の付け方も日本語特有の表記法なので、不適切な付け方だと作文力が低いと判断される。このように適切な文体・表記を使えることも文法能力に入る。

＜社会言語学的能力＞

　文を書く際には、文を書く理由や書く相手によって、またテーマやト

ピックによって、表現の形式や構成の仕方などを意識したり配慮したりして書くことになる。作文力にはこのような社会言語学的な能力も含まれる。実用文としての公文書などでは、定型表現を用いて書くことが一般的である。手紙などでは前文に時候の挨拶があり主文へと続く。末文では結びの挨拶があり、相手に失礼にならないよう配慮する。報告文や説明文、論説文などにはある一定の決まりがあり、それを友人、知人などの手紙に適用してはおかしな文になってしまう。

＜談話能力＞

　論文などにおいては、文章に一貫性があり論理的な構成になっていることが重要である。繰り返しの表現が多くテーマから逸脱した展開では、筆者の主張が十分に伝わらない。読み手にとって分かりやすい文というのは、内容に結束力があり、文章の流れが意味のある展開となっているものだ。そのためには、文と文をつなぎ、全体を構成するための談話能力が欠かせない。

＜方略的能力＞

　文を書くには、単語を並べるだけでは、魅力的な文にはならない。読み手がおもしろいと感じたり、わくわくしたりするような文を書くための工夫が必要になる。そのためには、言語的な知識のみならず、テーマやジャンルに関わる背景知識を生かしながら書くことが重要である。このように工夫して書ける能力は、方略的能力と言われている。

　作文を書くには、文章を構成し、読者に読みやすくする工夫が求められる。文章技法と言われるものであるが、以下に主なものを挙げてみる。

・文字や記号の書き方
・句読点の打ち方
・文体（です・ます／だ・である）体
・連用中止形

・話し言葉・書き言葉
・文章（序論＝話題提起・本論＝論の展開・結論＝まとめ／段落）の構成
・段落内（中心文・支持文）の構成
・引用（直接・間接）の仕方
・図表の示し方

　作文指導では、上記の技法が身につけられるよう実際に作文を書かせる行為を行わせる中で指導することになる。

5. 口頭表現力

5-1. 指導目標としての口頭表現力

　留学生のスピーキング力を大学での勉学という文脈に限定して分析したものを提示し、基本的なスピーキング力、しかも授業で身につけてほしいスキルを概観してみる。

　ここでは、口頭表現力を「独話」と「会話」に分わけてまとめてある。

表12-5　口頭表現力（Can-do statements）

	話す（独話）
中級前半	・アウトラインに沿って発表できる ・具体例を挙げて説明できる ・写真や絵を活用して説明できる ・多様な接続表現を用いて、結束性のある話ができる ・事実と意見を分けて話すことができる ・段落構成を考えて話すことができる ・自分の話し方（アクセント、プロミネンス、速度など）をモニターしながら、話すことができる
中級後半	・レジュメを作って発表することができる ・入手した情報を、整理して自分の言葉で話すことができる ・グラフや図表を活用して説明することができる ・根拠を挙げながら自分の意見を述べることができる ・聞き手とコミュニケーションをとりながら話すことができる

	話す（会話＝聞く・話す）
中級前半	・相手の言っている内容をまとめることができる ・適切に疑問点を指摘したり反論したりできる ・婉曲に疑問や反論が出せる ・効果的に意思を伝達できる ・形式的な司会ができる
中級後半	・論点の整理をしたり議論の方向付けをしたりするような司会ができる

　会話においては、聞き手とのやり取りに必要なスキルが挙げられている。独話と異なり事前準備ができないために、会話の維持のために迅速に対応する能力、そして音声情報を正しく処理し理解するための聴解力も必要となる。

　話し言葉によるコミュニケーションは、挨拶から始まって、家族や友人との会話、また、職場や学校などでのやり取りなど広範囲に及ぶ。学習者に求められるスピーキング力も話すトピックやテーマによって変化するものである。初級レベルでは、単語レベルから文レベルの簡単な表現で終始することが多いが、学習が上級レベルに進むにつれて、文レベルから複段落レベルへと発話量も増えていく。単文から複文へと文構造もより複雑になっていく。テーマによって、発話で使用される語彙も異なる。スピーキング力は、いつ、誰に、何を伝えるかによって、能力も多面的に考察する必要があり、能力を構成している概念も複層的に捉えなければならない。

＜文法能力＞

　一般的に日本語で会話をするには、日本語についての構造や文型、文法の知識を持っていることが前提になる。その上で、スピーキングにおける文法能力では、話し言葉を表現する能力であることから、日本語を

正しく発音できることが求められる。日本語には清音、濁音、拗音がある。その他に特殊拍（長音、促音、撥音）がある。これらが正しく発声できないと、発話内容が異なって伝えられ、誤解が生じる。イントネーションやアクセントなども正しく発音できるかに関わってくる。個々の単語をつなぎ合わせて文にするために文法知識を利用する能力、表現を豊かにするための語彙の知識を活用する能力もスピーキングに欠かせない文法能力となる。実際の場面ではこれらの知識・能力をコミュニケーションの実現のために運用できることが必要になる。

＜社会言語学的能力＞

社会の中で適切に状況を読み取り発話できるのが社会言語学的能力である。私たちは日常生活の中で、家族との会話、友人・知人との挨拶や会話、学校や職場での友人や同僚との対話などで、さまざまな状況に合わせ、多様な表現を駆使して発話している。社会での人間関係の違いによる表現の使い分けは、適切で円滑なコミュニケーションの実現には欠かせない。定型表現としての挨拶とは異なり、状況の変化や場面の展開の仕方によっては、予期しない発話が求められることがある。例えば、時間に間に合わなかった時の謝罪表現や感激した時の驚きの表現、また、依頼や言い訳など場面や状況に応じて日本語を適切に使用する能力が求められる。

＜談話能力＞

意味のある発話を創造的に構成し、内容自体に結束性を持たせるのが談話能力である。職場や学校などでは会話にとどまらず、発表や説明など一人で長時間話すことがある。話す相手に伝わりやすいように、事前に話す内容をまとめ、趣旨を考えて、全体の構成などを検討した上で、本番に臨むだろう。それはコミュニケーションの成立には重要な能力である。

＜方略的能力＞

　会話などは予期せぬ展開をすることがある。また、話題に関わる知識が乏しいために会話を維持していくことが難しくなることもある。方略的能力とは、このような状況に遭遇した時に対処するための能力で、繰り返し、言い換え、推測、回避、身振りなど、多様な対処方法を含む。

5-2.　口頭表現（スピーキング）の指導

　口頭表現力を指導する際には、発話の形式によって、「非構造型」と「構造型」に分けられる。前者の「非構造型」は、課題とそれに対する発話は、かなり自由度が認められる形式である。例えば、プレゼンテーションやスピーチのように発話内容が比較的長く、あるまとまりのある発話を自由に構成してまとめることが要求される。ACTFL（全米外国語教育協会：The American Council on the Teaching of Foreign Languages）の会話テストOPI（Oral Proficiency Interview）のように、質問や応答が事前に決められておらず、受験者の発話に応じて、説明や、情報の提供を求めるものもある。これに対して、「構造型」はあらかじめ質問は用意されていて、学習者全員に同じ課題が与えられ、学習者からの応答は予想できるものである。

　発話行為を「非構造型」と「構造型」に分けて整理しておく。

表12-6　課題の形式

	課題の形式
「非構造型」	インタビュー、スピーチ、プレゼンテーション
「構造型」	一問一答、ロールプレイ

　また、発話形式としては、独話や語りなど一方的なモノローグ形式（＝

独話形式：インターアクションのないもの）の発話と、会話や対話のように相手の発話内容を理解しながら、双方向コミュニケーションとしてのダイアローグ形式（＝会話形式：二人の学習者間にインターアクションのあるもの）の発話がある。したがって、口頭表現の指導では、学習者にモノローグ形式で発話させる場合と、ダイアローグ形式で発話させる場合とでは必要となる言語スキルが異なってくるので、教師はその特徴をよく理解した上で、課題を与えて指導することが肝要となる。

　例えば、日常生活に必要な日本語力を育成する場合は、一対一の対面式のインタビュー形式（ダイアローグ形式）が望ましい。一方で、大学のゼミナールで発表ができる力を育成する場合には、独話を引き出して、ある程度まとまった話を構成できるようなプレゼンテーション形式（モノローグ形式）が相応しいだろう。また、接客で必要な日本語を指導する場合は、役割を与えて、その任務を遂行させられるようなロールプレイ形式（ダイアローグ形式）が適しているだろう。どのような口頭表現力を学習目標にするかによって指導の視点も異なってくるので十分に検討しておくことが大切になる。

参照文献

伊東祐郎（2008）『日本語教師のためのテスト作成マニュアル』アルク
佐藤政光・田中幸子・戸村佳代・池上摩希子（1944）『表現テーマ別　にほんご作文の方法』第三書房
東京外国語大学(2007)『JLCスタンダーズ』東京外国語大学留学生日本語教育センター
東京外国語大学留学生日本語教育センター指導書研究会編（2012）『直接法による日本語指導書』
野田尚史・桑原陽子編（2022）『日本語コミュニケーションのための読解教材の作成』ひつじ書房

深澤のぞみ・本田弘之（2021）『日本語を教えるための教授法入門』くろしお出版

13 | 評価法

伊東祐郎

《目標＆ポイント》 日本語教育におけるテストの役割と機能を理解し、テストによる評価の基礎・基本を学ぶ。あわせて、多様な評価の在り方について理解を深め、公正な評価の方法を身につける。

《キーワード》 大規模テスト、小規模テスト、信頼性、妥当性、実用性、真正性、代替アセスメント

1. 大規模テストと小規模テスト

　日本語教師の回りには、さまざまなテストが存在する。日本語能力試験、日本留学試験、ビジネス日本語試験、J-testなど。また、文法テスト、語彙テスト、文字テスト、聞き取りテスト、読解テストなど、技能別テストも数多く存在する。これらはよく知られたテストであるが、全てが同じカテゴリーに分類できるわけではない。

　まず、日本語のテストを、実施の形態・規模から分類してみる。すると、上記のよく知られたテストと教師が作成する教室内テストに分けられる。本稿では、前者を「大規模テスト」、後者を「小規模テスト」として名付けておきたい。

　テストを「大規模テスト」と「小規模テスト」に分けるには二つの理由がある。一つには、テストの作成方法にあたる出題内容が異なるからである。もう一つの理由は、受験者のテスト得点の分布が両テストでは

異なることである。これらの重要な点を理解した上で、大規模テストと小規模テストの特徴や日本語能力の測定方法について考えてみることにする。

　まず大規模テストの特徴について考えてみる。日本語教育における大規模テストは、例えば、日本留学試験の場合、日本の大学で学ぶために必要な日本語力があるかどうかを判定する（熟達度テスト）。そこでこのテストでは、日本の大学で求められるアカデミックな日本語能力を測定の対象にしている。したがって、過去の学習歴や学習方法は特に問題になることはない。出題内容は、将来必要な日本語力に基づいて出題される（集団規準準拠テスト）。

　大規模テストでは、受験者の個人間の違いを明らかにすることを目的に作成される。その結果、得点分布は、一般的に正規分布に近い形になる。正規分布とは、西洋の釣り鐘のような形をした分布のことを指す。この世の自然界に存在するものを調べると、多くはこの正規分布になると言われている。したがって、得点は、受験者間で比較することが可能になり、平均点からどれだけ隔たっているか、全受験者の中で何位に位置しているかなど、常に順位が話題になる（相対評価）。日本留学試験の場合、成績に基づいて自らの日本語能力を公に認定してもらうことになる。留学に必要な資格要件を満たすために必要なテストになる。大規模テストはその合否が、大学入学の許可不許可に影響したり、就職の有利不利に働いたり、給料の手当の有無につながったりと、この試験の結果は、多くの人々の人生の利害に影響することになる。そのためにこのようなテストは、利害関係の高いテスト（High-stakes test）と呼ばれる。

　一方、小規模テストは教育機関で教えられた内容や教育目標で明示された項目を達成したかどうかを見るために実施される（到達度テスト）。出題内容は指導や学習の成果を見るために教授項目を反映したものにな

る（目標基準準拠テスト）。小規模テストは、受験者間の成績の比較を目的に実施するのではなく、目標に対する達成度の度合いを知ることを目的に作成されるので、得点の扱いも異なる。一生懸命に勉強すれば、全員が満点を取れるように作成することになる。したがって、得点の分布は必ずしも正規分布にはならない。100点を取った学習者は学習内容をほぼ完璧に習得したと見なされ、成績の悪い学習者は目標を十分に達成していないと見なされることになる。個人の得点は、学習目標に照らし合わせて比較される（絶対評価）。

　自分の達成の度合いを理解することで、自らの学習を振り返ったり反省したりすることが可能になる。成績不良者は、なぜ自分がこのような成績になってしまったのかを客観的に把握できる。自分なりに努力しているつもりであっても、成績を手にすることで自分に対する教師の評価を知ることができ、これからの学習にどう取り組むかを考えるための有益な情報となるのである。

　教師作成テストの多くは教室内で実施され、教育機関内の教育管理として行われる。大規模テストに比べると人生を左右するまでの影響力はない。そこで、利害関係の低いテスト（Low-stakes test）と呼ばれる。ただし、人生への影響は少ないが、進級や成績には影響することになる。

2. 言語知識と言語能力

　日本語能力を評価するテストを作成するためには、日本語能力がどのような要素から構成されているか把握しておく必要がある。教室内テストであれば、教育目標や学習内容が基礎資料になる。また、具体的に導入した文型や文法規則、単語や文字、漢字などが出題の対象として考えられる。実際のコミュニケーション力を養成するためのカリキュラムであった場合、具体的なコミュニケーション力を明らかにして、その能力

を引き出す手段を講じなければならない。それによって、テスト問題の内容と方法が決まってくるのである。

　初級レベルであれば、平仮名・片仮名などの文字認識力や発話力が問われることになる。次に、それらから構成される語彙（単語）の理解力が挙げられる。音声面においては、日本語の音素体系、強勢・抑揚などの認識ができるかどうか重要になる。そして、文を理解したり構成したりするために必要な文法力が問われる。これらは、基礎的言語知識を構成する「文字」「音韻（音声）」「文法」にあたるものだ。この他に、実際のコミュニケーションでは、「聴く：聴解力」「話す：会話力」「読む：読解力」「書く：作文力」などの主要言語運用能力が必要になる。「聴解力」と「読解力」は受容技能として理解能力に、「会話力」と「作文力」は産出技能として表現能力に区分されているものである。

　言語能力については、次のようなCanale & Swain（1980）の言語能力モデルがよく知られている。

1　文法的能力（Grammatical competence）：目標言語の語彙、文型、構文をはじめ、音韻などを理解して、文を構成できる能力。文法構造、単語の意味に限らず、形態や統語などが含まれる。

2　社会言語学的能力（Sociolinguistic competence）：目標言語が使用される社会的文脈や状況を理解して、適切に言語を運用できる能力。また、言語の社会的機能を活かして円滑なコミュニケーションを行える能力。

3　談話能力（Discourse competence）：意味があり、結束性のある発話や文章を構成したり、理解したりする能力。意味と言語形式を結びつけ、発話や文章を機能的に伝達できる能力。

4　方略的能力（Strategic competence）：上記三つの能力不足を補うための能力で、コミュニケーションを維持したり、補正したり

するための対処能力。言い換え、回避、転移、繰り返しなど。

3. テスト項目の作成

　テスト開発においては、テストの目的を明確にしておく必要がある。ここで、再度、テストは何のために実施するのか、テストの結果からどのような情報を得ようとしているのかを確認しておきたい。テスト作成の目的によって、作成方法が異なってくるからである。

　教師が作成するテストは、一般的には次のようなテストがあり、異なる目的で作成される。

　1）プレイスメント・テスト（クラス分け）・・・・診断的評価

　2）中間テスト・・・・・・・形成的評価

　3）期末テスト・・・・・・・総括的評価

　まず、クラス分けのために行うプレイスメント・テストは、学習者の日本語力のレベル判定のために必要な情報を得ることが目的であるから、個人間の違いや、教育機関で設定されている能力別クラスの基準に照らし合わせられるよう、またそのための情報が得られるように構成する必要がある。例えば、初級クラス、中級クラス、上級クラス、と3つのレベルから構成されているプログラムの場合、既習者を適切なクラスに配置するために、プレイスメント・テストを実施することになる。目的は学習者をうまく3つのレベルに振り分けることにあるので、出題項目が3レベルを識別できるよう注意深く厳選しておく必要がある。もちろん、未習者の場合は、プレイスメント・テストを受ける必要はなく、入門クラスに配置することになる。

　中間・期末テストの場合は、基本的には教育目標で掲げられている指導内容がそのまま出題範囲になる。ただし、指導目標やその目標を達成するための指導内容がどのような記述になっているかによって、出題範

囲も異なったものになる。カリキュラムにおける教授項目（シラバス）は、言語知識を中心とした記述になっていることが少なくない。初級で取り扱う文法項目を配列したものだったり、語彙を易しいものから難しいものに並べたものだったり、各級で学ぶべき漢字が一覧表になっていたりするものである。このような言語知識を中心としたシラバスの場合、やはりテスト項目もそれらを反映したものになる傾向がある。一方、言語技能に焦点をあてた言語運用力を測定する場合には、「日本語で○○ができる」といった観点から記述された「Can-doリスト」が示されることになるので、それらの能力を測定するための課題を設定することになる。

　熟達度テストは能力テストと言い換えられる。最近では、プロフィシェンシーという言葉を使って、実際の運用力を測定しようという傾向が強くなっている。ACTFL（全米外国語教育協会）が開発したOPI（Oral Proficiency Interview）テストは、現在の学習者が持っている実際の運用力を測定する対面テストとしてよく知られている。例えば、日本の会社が留学生を採用する場合は、入社後に必要となる実力があるかどうかを測定し、適切な判断をする。OPIでの質問は、日本の企業活動で求められる能力を特定して、もっとも相応しい課題を設定してテストを開発することになる。

4.　テストの品質管理

　テストは、学習者の日本語力を測定するために開発されるものであるが、そのテストの項目内容や、テスト結果から得られる得点が、信頼に値するものであるかどうか検討されることはあまりない。テストも測定道具の一つと考えるならば、当然のことながら、テストの精度、正確さも検討されるべきである。世に出回っている商品が開発されて店頭に並

ぶまでには、何度も品質がテストされ、不具合や基準に満たない部分は改善されたり改良されたりして、厳しい検査の後、商品化される。同様に、テスト自体もテストされ、品質が管理されてしかるべきである。テスト理論においては、主に「信頼性（reliability）」「妥当性（validity）」「実用性（practicality）」「真正性（authenticity）」という観点からテストをテストする。

4-1. 信頼性

　信頼性は、テストの得点の性質を示すものである。つまり、テスト得点の安定性、一貫性を表すものである。あるテストが、同じ受験者に対して、何度実施されても測定結果が一貫していて安定していることが望ましい。もちろん、現実には、受験者は一度テストを受ければ、内容を知ることになってしまい、二度目の得点は高くなるが、考え方としては、同じテストを使って同じ受験者に二度テストを実施した場合、誰が採点しても結果は同じであれば信頼性は高いと言える。これは、日本語力の測定に誤差が生じない信頼性の高いテストであると考えることができる。

　信頼性を損なう要因がある。一つは、テスト自体の特徴からくるもので、代表的な例は、問題の指示文の曖昧さや問題項目内容の不適切さなどである。受験者側の要因としては、勘違い、ケアレスミス（careless mistake）、まぐれ当たりなどがある。採点ミス、あるいは、主観的な採点は、採点者側の要因になる。解答形式が複雑なために、採点ミスや集計ミスが誘発されることがある。また、パフォーマンス・テストなどにおける採点は採点者の資質、特に採点における主観性が影響する。人は同じものを採点しても、場面や時間が変わることによって採点結果が必ずしも同じになるとは限らない。異なる反応を示すために、信頼性の確

保は難しくなる。

　信頼性を調べるために、同じテストを同じ受験者に行う再検査法（再テスト法）や、同じような問題項目で作成された2種類のテストを同じ受験者に実施する平行検査法（平行テスト法）などがある。しかし、テストを何度も行わなければならないので、実際にはコンピュータなどによって内的整合性を検査する方法がとられている。よく知られたものに、クロンバック α（Cronbackの α 係数）やKR-20（Kuder Richardsonの公式）があり、信頼性係数と呼ばれている。前者は、折半法（split-half method）という方法で、テスト項目を奇数項目と偶数項目など2群に分類し、両者の相関係数をもとに信頼性の推定を行う。後者は正答を1、誤答を0として、正答率と誤答率から同質性を検討し推定するものである。

　信頼性係数は0以上1以下で示される。ある大規模テストの語彙力テスト、文法力テスト、読解力テストなどの信頼性係数は、.90～.99の間で示されていた。聴解力テストは、.80～.89、口頭表現力テストは、多少低く.70～.79の範囲で示されていた。

　なお、パフォーマンス・テストである作文テストや口頭表現力テストにおいては、複数の評定者による採点結果の一致度を算出し、評定者間信頼性（inter-rater reliability）を確保する必要がある。また、一人の評定者による採点の場合は、同一のテストを複数回採点して、評定者内信頼性（intra-rater reliability）を求めることが大切である。

4-2. 妥当性

　妥当性とは、テストの実施後に得られる得点から推測する解釈が有意味で有効なものであるかという適切さを示すものである。妥当性は、テストの得点の解釈とその使用に関して重要な性質となる。例えば、妥当

性が高いテストで高得点を得た学習者は、文法に関しては、より高い文法知識を蓄積していると判断できることになる。文法力テストの妥当性を検証するには、まず問題項目の適切さが検討され、次に、問題作成目標とテストが比較され内容が検討される。そして、問題項目が適切に構成されているかが検討され、問題がなければ、妥当性が高いテストであると考えられる。

　文章表現力テストや口頭表現力テストのようなパフォーマンス・テストでは、紙筆テストと比較して、高い妥当性を兼ね備えたテストであると考えられている。パフォーマンス・テストは、コミュニケーション活動における言語運用能力を直接目に見える形式で測定しようとしているからである。学習者が日本語によるスピーキング力があるかを知りたければ、直接話させるようなテストを実施すればすぐ分かる。テスト課題自体が妥当性の根拠を示すことになるので、このような場合、表面的妥当性があると判断する。

4-3. 実用性

　信頼性や妥当性が高いテストであっても、実施に時間がかかり、採点が困難な場合、決してよいテストとは言えない。よいテストは、実行可能性（feasibility）が高く、実用性の面でもすぐれていなければならない。

　実用性からテストの特徴を挙げてみると、まず、経済性が挙げられる。どんなテストもその開発から実施、そして採点に至るまでのさまざまな段階に人出、資金、そして時間がかかる。限られた予算の中で、効率性の高いテストを開発することも大切な条件になる。また、コンピュータによるテストを開発することができても、実際の運用の段階でコンピュータの使用できる場所に限定されるようなテストの場合、実施面で問題が生じることになり、実用性が高いとは言えない。また、口頭表現

力テストは一般的に試験者一人に対して受験者一人という個別対応が必要になる。受験者が十人、二十人いる場合。一人10分の試験時間としても、全ての受験者の試験を終えるにはかなりの時間がかかってしまい、これも実施面で苦慮することになる。

　採点方法においても効率性が求められる。選択式テストの場合は、マークシートを使えば、機械が採点してくれるので、実施後の採点結果の入手まであまり時間はかからない。一方、作文テストや口頭表現力テストの採点では、採点者の主観性が影響するので信頼性の確保のみならず、採点にかなりの時間を要する。決して実用性が高いとは言えない。作文テストや口頭表現力テストがあまり行われない理由には、このような煩雑さも影響している。

4-4. 真正性

　真正性とは、テストの出題形式や内容、実施方法が、現実の言語使用場面をどれだけ反映し、また対応しているかという性質の程度に関わることである。テストで測定しようとしていることが、現実のコミュニケーション場面を十分に反映したものであれば、テストの結果から、受験者の実生活での言語行動とその能力を予測することが可能となる。また、テスト結果から能力を一般化することもできる。例えば、口頭表現力テストで、買い物場面のロール・プレイを実施した場合、この課題をうまく遂行した受験者は、現実場面でもおそらく問題なく日本語を使用することができるだろうと推測できる。また、聴解力テストなどで、メモ取りという課題を出題し、受験者が適切に応答した場合、現実場面でもメモ取りができる能力を有していると予測できる。したがって、コミュニケーション能力を測定することを目的にしたテストでは、実際の運用能力を引き出す課題や形式がテストの中にどれだけ構造化されているかが

問われることとなり、これがテストの真正性の有無に関わることになる。

5. 評価の多様性、ルーブリック評価、ポートフォリオ評価

　日本語能力を測定する方法として、これまでテストという側面から考えてきた。しかしながら、日本語教師は日本語学習者の日本語能力についてはテスト以外の方法で測定したり、判断したりすることがある。特にコミュニケーション能力の代表的な口頭表現力や文章表現力は日頃の観察から実際の運用力の有無やその質について判断することができる。例えば、日常生活での会話のやりとりから発音の善し悪しをはじめ、語彙の豊かさや表現のうまさ、またコミュニケーションに支障のない高い文法能力の有無などを感じ取ることができる。一方、学習者本人によって書かれた文章を読むことによって、文章の構成力やそれを下支えする語彙力や文法力などのレベルを推定することができる。

　このように会話力や作文力は、実際に日本語を直接に使ってみることによって可視化され、運用力を判断する情報を得ることが可能になる。しかしながら、会話や作文はその内容において多様性や個人差の幅があり、誰からも有益な情報が得られるとは限らない。また、観察して日本語力を判断する場合は、評価者の主観に影響され、判定結果がいつも安定して一貫しているとは限らない。同じ発話や作文に対しても、個人によって評価が分かれることがあるのは、評価における主観性を排除できないからである。

　このような評価者による主観性を可能な限り少なくし、明示された評価基準にしたがって評価を行う方法が生み出された。それがルーブリック（rubric）評価というものである。特に会話や作文の評価ではパフォーマンス課題に対して学習者が表現したり産出したりしたものに対して

ルーブリックを使用して質的に評価し、正しく判定することが期待されている。ルーブリックとは評価指標のことで、達成度や成功の度合いを示す尺度やレベル（scale）とそれぞれの尺度やレベルに見られるパフォーマンスの代表的な特徴、また判断や認識の際に鍵となる記述用語（descriptor）から構成されているものである。ルーブリックの横軸は「観点」、縦軸は「尺度（レベル・段階）」として示す。このように評価基準を作成することによって、達成度を「観点」別に評価し、その結果を「尺度」で明示し確認することになる。参考までに、『外国人児童生徒のためのJSL対話型アセスメントDLA』の〈書く〉のルーブリックを以下に示しておく。

表13-1　ルーブリックの実例：DLA《書く》

ステージ	文章表現力	基礎作文力	語彙・漢字力	正確度（文法、表記、語彙・表現）	書く態度・習慣
6	□豊かな語彙を使って内容のまとまりのある長い作文が書ける □書き言葉の語彙・文体で書ける	□構成を考え、段落と段落がつなげられる	□テーマに見合った適切な語彙を使って文章が書ける	□正確度の高い文章が書ける	□持っている知識を総動員し、自立して書くことに取り組める □書いたものを読み返してより良いものにしようとする
5	□情報を整理し、ある程度内容のまとまりのある作文が書ける	□ある程度構成を考え、意味段落が作れる	□ある程度、テーマに見合った適切な語彙・漢字を使って書ける	□多少の誤りはあるが、正確度の高い文章が書ける	□進んで書く習慣がある □辞書や手引きがあれば、ある程度自立的に書くことに取り組める
4	□話し言葉でまとまった量の文章が書ける	□形式段落が作れる □複文（文節数の多い文）が作れる	□日常語彙・漢字を使って文章が書ける	□誤りが見られるが、意味がとれないほどではない	□課題作文に取り組もうとする □支援者に聞くほか、本やノート、辞書などを利用する

ステージ	文章表現力	基礎作文力	語彙・漢字力	正確度 （文法、表記、語彙・表現）	書く態度・習慣
3	□話し言葉で文が書ける □順序よく書ける	□複数の文が作れる □文と文がつなげられる	□ある程度、日常語彙・漢字を使って文が書ける	□文法の誤りなどで意味がとれない文がある	□支援を得て課題作文を書く
2	□日常よく使う定型文が書ける	□ひらがな・カタカナと漢字の使い分けができる □単純な文が作れる	□身の回りの単語がある程度書ける	□文字、表記ルール等さまざまな誤りがある	□支援者といっしょに考えながら書く
1	□絵に単語が添えられる	□ひらがなが書ける（特殊拍を含む）	□よく知っている単語が書ける	□文字の誤りがある	□作文指導・書く習慣の指導が始まる

出典：『外国人児童生徒のためのJSL対話型アセスメントDLA』（p.104）文部科学省（2014）

　ルーブリックの作成手順は、事前によくできている学習者の成果物、例えば作文であれば、その特徴をリストアップする。その後、複数の作文を採点して、高得点順に並べる。それぞれの作文の特徴をリストアップして、同じ観点でも質的に異なるものの特徴を記述し、尺度の数、すなわちレベルの数に分けて、それぞれの尺度の記述をまとめる。

　ルーブリックの活用方法は、教師が評価指標として利用するほかに、学習者自身にルーブリックを理解させて、自らの日本語能力や姿勢・態度などの振り返りに活用することも可能になる（自己評価）。また、教師と学習者がルーブリックを共有し、記述されているパフォーマンスについて話し合ったり、学習目標を設定したりする際に参照し、自律的な学習態度を獲得するためにも活用できる（ポートフォリオ評価）。

　次に紹介するのが、ポートフォリオ評価である。従来の評価法、すなわち紙筆テストでは、言語知識や言語能力の測定のために出題形式を考

え、その上で何を問えば知識や能力を測定できるかに重点がおかれ、解答形式も選択式や空欄充当式、また口述や記述で答えるものになっている。教育目標が設定され、学習内容が精選され、教師は教えるべきものを教授し、学習者は学習項目をどれだけ達成したかを目標に取り組んでいる。このような評価法では、学習者はどのように学んでいるのか学習の過程に対する認識が希薄になり、学習者も教師も評価の結果ばかりを気にするあまり、学習の過程に対する振り返りや気づきがおろそかになるいう考えの基に発案された評価法である。したがって、ポートフォリオ評価では、学習者がどのような目的のために、どのような取り組みを行ってきたのか、その結果、どのような成果が得られたのかを系統的かつ継続的に把握して、評価しようとするものである。そのために、評価の対象となる情報を収集し、保管・管理しておかなければならない。ポートフォリオという用語は、このような情報を綴っておくフォルダーのようなものと理解できる。このポートフォリオに綴っておくものには主に以下の3点があると言われている。

1　学習過程で作成したり産出したりした学習者の成果物。作文やドリルの用紙、発表時に作成した資料など。

2　取り組みに対する学習者自身の振り返りに基づいた自己評価の記録。

3　教師の指導内容や学習者の意欲や姿勢、態度などの記録。教師と学習者との交流記録。

ポートフォリオ評価では、現実に近い課題に取り組むことによって学習者の成長を評価するところに意義があると考えられている。また、学習環境の中で学習者間の相互のやりとりや教師との相互作用を通して学習者が能動的に学んでいくことをねらいとしている。したがって、教師は相互作用の中で、どのような状況で躓いたり学習困難になったりする

かを把握しながら、学習者の新たな学びにつなげられるよう、別の言葉で言えば学習者の成長を促すように継続的な学習の維持に努める必要がある。

　ポートフォリオ評価では、教師と学習者が学習を振り返り、新たな学習目標を設定し、常に先の見通しを共有しながら進めていくことになる。大切なことは教師と学習者が常に対話を行いながら、学習者が主体的に取り組めるよう支援することである。ポートフォリオ評価を支える基本的理念は、言語と言語学習、そして言語運用は社会的で文化的なものであるという考えに基づいている。それらから影響を受ける言語観や言語学習観では、学習の評価は、学習者の周辺的な環境や環境との関わりを重視し、協働的な活動であるという考えが基本になっているからである。従来の評価法を支える基本的な考え方と比較すると、ポートフォリオ評価では、学習は協働的な活動で、必然的に動的で相互的なものであるということになる。したがって、ポートフォリオ評価では、外国人児童生徒のように母語や年齢、来日時期や在日期間が異なる多様な背景を持った子供たちの日本語能力の測定や実態把握、そして今後の指導の在り方を考えていくために行う形成的評価に適した評価法と言える。

　ルーブリック評価やポートフォリオ評価では、教授と学習は一体的なものであるという考えに基づいている。紙筆テストのように評価のみ取り出して行うことは、日本語能力の断片しか評価対象にしていないという理由から、ルーブリック評価やポートフォリオ評価では、学習者を巻き込んで教授や評価を行う教師と学習者が相互に影響を与え合うことによって学習者の変容を期待するものとして位置づけられ、結果に注目する紙筆テストに代わる評価法として代替アセスメント（alternative assessment）と呼ばれている。

6. これからのテスト開発

　私たちが日々作成している日本語のテストは、学習者の日本語力を測定することを第一の目的にしている。テスト結果から得られる得点は、測定誤差が最小限に抑えられていて、信頼に値するものであることが望ましい。それとともに、得点から推測する解釈が有意味で有効なものであることが重要になる。Bachman（1990）は、言語テストを開発して使用する場合、テスト得点の信頼性が高いか否かということだけでなく、テストの得点の解釈や利用が妥当であるかどうかに最大の関心が注がれるべきだとして、妥当性の重要さを指摘している。Bachmanが言うように、妥当性がテストの得点の解釈とその使用に関して重要な性質であることを再認識するならば、テスト作成者は、テストが測定しようとしていることをどれだけテストしているかについて十分に認識する必要があり、常に、具体的な形で把握することは重要であろう。

　テストの目的とテスト項目が十分に整合性があるかどうかは、問題項目の企画書、すなわち細目表（Specifications）と言われるものを見れば分かるものである。一般的に、細目表では、テストの目的、構成、出題形式、測定対象となる言語能力など詳細にわたって記述したものであり、テストの妥当性はこの細目表を見れば分かるものであると言われている。大切なことは、この細目表にテストを構成する出題内容や形式、それによって測定しようとする言語能力の領域が明示され、テストを実施した結果、どのような能力が測定されることになるのか具体的な能力記述文が含まれていることだ。すなわち、これまで述べてきた能力記述文が、テスト開発の初期の段階で必要となる細目表を完成させる上で、必然的に求められることになる点である。項目作成者が測定しようとしている能力が明確に把握されることによって、はじめて項目を作成する

ための作業を開始することができるのである。さらに、明確な能力記述
が提示されることによって、できあがった問題項目が適切であるかどう
かを厳密に検討することが可能になる。その結果、得点に対する意味の
ある解釈を行うことができるのである。

　これまで、日本語教師はテストの作成から、実施、採点、評価までの
一連の作業を職人芸的な形で進めてきたように思われる。日本語を教え
られる教師であれば、教授内容にも熟知している限り、テスト作成も難
なくできるとして、教師の経験と勘に基づいて対応してきたと言っても
過言ではないだろう。このような状況においては、ある意味で、妥当性
を検証するような必要性を感じることもなかったかもしれない。しかし、
テストが、教師の一方的な情報入手手段であった時代から、受験者や第
三者に対してもさまざまな影響力を及ぼす存在となってきた以上、テス
トに対する説明責任はおのずと出てくる。これからは日本語教師に評価
リテラシー（Language Assessment Literacy）が求められることになり、
評価に対する責任ある対応が問われる時代になってくると言えよう。

参照文献

伊東祐郎（2022）『日本語教育　よくわかる評価法』アルク
伊東祐郎（2008）『日本語教師のためのテスト作成マニュアル』アルク
伊東祐郎他監訳（2004）『言語テスティング概論』（T.マクナマラ 著）
　スリーエーネットワーク
近藤ブラウン妃美（2012）『日本語教師のための評価入門』くろしお出版
佐藤慎司・熊谷由理編（2010）『アセスメントと日本語教育』くろしお出版
静哲人他（2002）『外国語教育リサーチとテスティングの基礎概念』関西大学出版
　部
関正昭・平高史也編（2013）『テストを作る』スリーエーネットワーク

中村洋一（2002）『テストで言語能力は測れるか』桐原書店

文部科学省（2014）『外国人児童生徒のためのJSL対話型アセスメントDLA』東京外国語大学編

Bachman, L. F.（1990）*Fundamental Considerations in Language Testing.* Oxford University Press.（池田央・大友賢二監修（1997）『言語テスト法の基礎』C.S.L. 学習評価研究所）

Bachman, L. F. & Palmer, A. S.（1996）*Language Testing in Practice : Designing and Developing Useful Language Tests.* Oxford University Press. （大友賢二他監訳（2000）『＜実践＞言語テスト作成法』大修館書店）

Brown, J. D.（1996）*Testing in Language Programs.* Prentice-Hall.（和田稔（1999）『言語テストの基礎知識』大修館書店）

Council of Europe（2001）*Common European Framework of Reference for Languages: Learning, teaching,* assessment. Cambridge University Press. （吉島茂他訳（2004）『外国語の学習、教授、評価のためのヨーロッパ共通参照枠』朝日出版社）

14 | 年少者日本語教育

伊東祐郎

《**目標＆ポイント**》　日本の学校で学ぶ外国人児童生徒を取り巻く教育環境や教育の実情を把握し、多様な背景を持つ子供たちに対する日本語教育の在り方を考察する。

《**キーワード**》　バイリンガル教育、氷山説、BICS、CALP、JSLカリキュラム、特別の教育課程

1. 外国人児童生徒とは

　近年の国際化の進展や出入国管理及び難民認定法の改正による在留資格の整備・拡張に伴い、日本に居住する外国籍の人々が増加している。それとともに、日本の学校に日本語指導が必要な外国人児童生徒が急増し、日本語指導に関わる体制の在り方や指導の内容・方法について議論され始めている。このような状況は、日本社会が多文化・多言語社会へ質的に変貌しつつあることを意味し、教育関係者は、子供たちへの教育が民族言語的に多様性を帯びたものへと変化・変容していることを認めざるを得ない。多文化国家であるアメリカやカナダ等では、バイリンガリズムの観点から教育政策が論じられ、言語教育プログラムの在り方が常に議論されてきた。特に第二言語としての英語教育（ESL：English as a Second Language）やイマージョン・プログラムにおける第二言語習得と学習理論に関する研究は、言語教育に多くの示唆を与えてきて

いる。

　現在、国、都道府県、市町村等では、異なる文化・異なる言語を持っ
た子供たちに対応するために、さまざまな取り組みを行ってきている。
日本語教育においては、日本語指導が必要な外国人児童生徒が多数在籍
する学校への日本語指導者の配置、日本語教材の整備、日本語教室の設
置、日本語指導研修会の開催等がその主なものである。徐々にではある
が第二言語としての日本語教育（JSL：Japanese as a Second Language）
の体制が築かれつつある。まずは筆者が把握している、主に公立学校に
おける外国人児童生徒の受け入れ体制や日本語指導者の現状、ならびに
教材・教具をはじめとするカリキュラムや指導状況などを概観し、年少
者の日本語教育の課題についてまとめてみる。

　外国人児童生徒に対する教育は、日本語教育をはじめ適応教育、バイ
リンガル教育、異文化理解教育、そして学校教育などさまざまな分野が
関わることになり、学際的観点から捉えていくことが大切になるが、本
論では、日本語教育に焦点を当てて解説する。ここで言う外国人児童生
徒は、外国籍による捉え方ではなく、日本語指導が必要な児童生徒とし
て定義し、日本人帰国子女は除くものとする。子供の呼び方としては「外
国にルーツを持つ子供」「外国につながる子供」また、「文化間移動をす
る移動する子供」「ニューカマーの子供」「多様な言語文化背景を持つ子
供」「多文化の子供」「CLD（Culturally, Linguistically Diverse）児」
また、「JSL（Japanese as a Second Language）の子供」「日本語を母
語としない子供」など多くの呼び方が存在するが、全て包括的に同じ意
味で使う。

2.　外国人児童生徒を取り巻く状況と諸課題

　日本語が通じない外国人の児童や生徒を受け入れている学校は、これ

まで経験したことのないさまざまな課題や問題に直面している。学校が抱えている諸課題の原因や要因について考察し、社会的・文化的背景を把握した上で、問題解決のための糸口や方向性を見い出せるよう検討を試みる。

外国人児童生徒を取り巻く諸課題は、いろいろ考えられるが、筆者自身のこれまでの経験から、次のように大きく3つに分けられるのではないかと考えている。

①子供固有・特有の要因・事情による課題。

②受け入れ体制（日本の学校制度等）・意識に関わる課題。

③日本語指導に関わる課題。

以降はそれぞれ固有の要因・事情による課題を見てみる。

2-1. 子供固有・特有の要因・事情による課題

まず、子供固有・特有の要因・事情による課題として、第一に日本語が通じないことが挙げられる。1990年代以降日系人出稼ぎ労働者や日本人との国際結婚による移住、中国帰国者の子供たちも増えてきたが、それに伴って日本語が通じない子供が増えた。それと同時に保護者も日本語は通じないということで、子供も保護者ともに日本語が通じないという課題がある。

第二に、編入学・転入学・新入学の時期が不明で、予測が困難であるという課題が挙げられる。日本の児童生徒と異なって居住実態が把握できていないために、編入時期は予測できない。また教育委員会の就学通知発行が対象外となっているため、状況の把握も困難という状況にある。

第三に、学力や来日前の教育学習歴が多様で時には不明であることが多い。子供たちの多様な要因としては、母語もまた年齢もさまざまである。日本に来た入国年齢も異なっており、滞在年数、滞在年齢が子供た

ちによって異なるために、子供たちの来日前の学習歴や学力等の把握が
非常に難しいことが挙げられる。

　第四として、異なる母語や文化習慣がある。当然のことながら日本語
を話せないわけであるが、子供たち一人ひとりの学習環境や学習履歴が
異なるために、子供それぞれの母語や文化習慣を把握することが困難で
ある。

　第五は、保護者との連絡が困難である。外国人児童生徒等の保護者も
終日の労働でほとんど家にいなかったり、たとえいたとしても日本語が
分からなかったりして学校とのコミュニケーションが難しい状況が少な
くない。また学校から配布される学級通信など文字が読めないために情
報が行き渡らないというケースも起こる。

　第六としては、多様な家庭環境・経済状況が挙げられる。もちろん日
本人家庭も同様ではあるが、コミュニケーションが取れないために家庭
環境や経済的な課題があってもその実態の把握が難しいという課題に直
面している。

　最後に第七として、求められる異文化適応力の問題がある。子供たち
にとって日本という異文化社会でのアイデンティティをどう形成してい
くかという課題に直面する。アイデンティティの形成には、環境そして
周りの受け入れ側の問題があり、日本社会の異文化適応能力も試されて
いる。もちろん子供にとって、日本という異国での適応能力というもの
も問われるかもしれない。

2-2. 受け入れ体制（日本の学校制度等）・意識に関わる課題

　次に受け入れ体制に関わる課題について述べてみる。これは日本側、
受け入れる側の問題である。第一に、子供や保護者に日本語が通じない
ことによる、教育委員会や学校による受け入れ拒否の問題がある。外国

人の子供の場合は就学義務がないという認識から、市町村の教育委員会では就学通知を出すことはせず、そのまま受け入れをしない、あるいは最悪の場合受け入れを拒否している例も少なくない。

　次に、受け入れる責任者が不在で、対応が不十分な状態が問題とされている。外国人児童生徒の突然の編入により学校側の受け入れが整っていない。そのために特別な指導もなく放置した状態で、最悪の場合1年経っても日本語の会話すらできないという事例もある。児童や生徒を日本語ができないためにお客様扱いしてしまい、積極的な日本語指導や適応指導をしないというケースも少なからず見受けられる。また、特定教員や職員へのお任せ・押し付け対応ということも挙げられる。過去の調査では、小学校では国語科教員が、中学校では英語科教員が一時的に指導担当になるという結果が出た。また、校長や教頭が校長室で指導するといった報告もあった。突然の受け入れで体制が整っていない。そしてある特定の教員に押し付けてしまうという実態のあることが分かっている。

　そして最後に、異文化受容・異文化理解に関する教職員の低い認識がある。グローバル社会における教育の多様性・柔軟性・弾力化への抵抗があり、なかなか取り組みが積極的に行われていないという状況がある。日本の学校制度は日本語が不自由である外国人児童生徒を受け入れて来なかったために、取り組みを前進させるのは難しいという状況がある。

2-3. 日本語指導に関わる課題

　では3番目の課題、日本語・教科指導に関わる課題についてまとめてみる。最初に日本語が分からない児童生徒への適応指導への教員の戸惑いが挙げられる。教員は、日本語をいかにうまく習得させるか。いかに早く教室に適応させるかという考えを優先してしまい、外国人が外国人

として日本の学校で教育を受けるという視点を持てないままでいるケースがある。そのために、異文化背景を持った児童生徒とのコミュニケーションで当惑することになる。外国人児童生徒を受け入れる際に、子供たちの考え方・ものの見方・生活習慣・価値観など日本人児童生徒と異なる点についてもっと理解を深める必要がある。

　第二として、手探り状態の日本語指導がある。そもそも小学校中学校の教員は国語の授業を受けて国語の指導法についてはある程度理解があるが、外国人に対する日本語とその指導についてはほとんど経験もなく専門家ではない。したがって日本語指導といったときに何をどのように教えるか、その段階で手探り状態に追い込まれるという問題がある。また教材・教具の入手方法も分からないことから、孤軍奮闘するという状況が挙げられる。

　第三として、日常会話ができる児童生徒への教科指導への不安がある。子供たちは１〜２年もすれば日常会話が身につき問題がないように見受けられるが、注意しなければいけないのは、話し言葉としての生活言語（Basic Interpersonal Communicative Skills（BICS）、基本的対人伝達能力）と書き言葉としての学習言語（Cognitive Academic Language Proficiency（CALP）、認知的学習言語能力）の違いである。これら二つが存在することを多くの教師は把握できていない。母語や第二言語に関する言語習得の理論的な背景知識のない教師にとって、指導の目標設定や具体的な教育内容を検討すること自体が非常に難しい状態になっている。そのために指導に自信が持てない。指導方法が分からないという点で常に不安を抱えている。

　そして最後に、母語・年齢・入国年齢・滞在年数の異なる児童生徒の多様な日本語力・母語力・学力の把握および教科指導の難しさが挙げられる。子供たちが多様であるがゆえに、日本に来る前にどのような勉強

をしてきたのか、今、現在どのような学力を身につけているのか、教師
による子供たちの学力の把握が難しく、教科学習にどのように結びつけ
ていったらよいかという点で現場の教師は困っている。

3. 日本語教育の指導形態と指導内容

　外国人児童生徒への指導形態としては、授業時間中に在籍学級から取
り出して行う「取り出し指導」や、教科の授業時間に日本語担当者が在
籍学級に入り込み、教科担任と協力しながら行う「TT指導（Team
Teaching)」が挙げられる。前者では、個別あるいは小グループでの指
導の体制がとられる。グループ指導の場合、年齢や母語を考慮した授業
編成はあまり見られず、日本語力による編成が比較的多い。取り出し指
導をする教科は、小・中学校ともに「国語」の時間が多く、次いで、小
学校では「算数」、中学校では「社会」と続く。「音楽」「体育」「図工」
などの技能教科の授業時間に取り出して日本語指導をすることはほとん
どない。これらの教科は、比較的内容も分かりやすく、参加しやすいた
めである。

　週あたりの取り出し平均時間数は、学校及び個人によってばらつきが
見られる。指導時間数は、学校の日本語指導者の配置や指導体制の充実
度によって影響を受けやすくなっており、学校間格差が著しいと言って
も過言ではないだろう。

　TT指導は、具体的には、授業中に日本語指導者が教科内容を易しい
日本語で言い換えたり、児童生徒の母語に翻訳したりして学習を支援し
ている。前出の加配教員、巡回指導員のほかに、児童生徒の母語ができ
る語学相談員やボランティアなどが指導を行っている。

　しかし、外国人児童生徒が在籍する全ての学校に、加配教員や巡回指
導員などの日本語指導を専門に行う者がいるわけではなく、多くの学校

では、在籍学級で授業を受けさせ、授業担当者が必要に応じて説明を加えたり、昼休みや放課後などの授業時間外に日本語指導を行ったりしている。また、日本語指導に関しては、ほとんど何も行っていないという学校も少なくない。

　筆者が過去に行った調査（1999）では、日本語指導の際に最もよく使われる教科書は「国語」の教科書だった。次いで多いのは、教師自らが作成したものや、学校・教育委員会等が独自に作成した「オリジナル教材」だった。多くの教師は、児童生徒の多様な日本語力とニーズに対応するために、複数の教科書や教材を組み合わせて使うことが多く、なかには、学習者の母語に対応した独自の教材を開発しているところもある。補助教材では、「五十音図表」が圧倒的に多く使われている。特に小学校での使用が多い。次いで「文字学習用ワークシート」「文字カード」「絵カード」「文法練習用ワークシート」「ゲーム」などで、多くはオリジナル教材である。模型や実物等はあまり使われていない。また、テレビやビデオレコーダー、コンピュータなどの教育機器を使用しているところは少ない。

　外国人児童生徒への日本語指導では、来日直後に行う「初期指導」、日常会話ができるまでを目標にした「中期指導」、在籍学級の授業が参加できることを目的にした「教科指導」という名称で大きく三つの段階に分けることが多い。

　初期指導は、来日直後に編入してきた児童生徒への指導である。来日直後であるために、日本語はもちろん文化や習慣、環境等の違いから生活のあらゆる場面で困難な状況におかれている。この段階の指導目標は、日本の学校生活や社会生活について必要な知識を学び、サバイバルのための日本語を身につけ、自らが行動できるようにすることにある。生活適応や日常生活で最小限必要な日本語指導が中心となる。あいさつ言葉

や身の回りの物・人の名前や、平仮名・片仮名、基本的な漢字など文字の読み・書きが中心となっている。中期指導は、文字や文型など日本語の基礎を体系的に学ぶことをねらいとしている。会話による意思の疎通もある程度できるようになった段階で、在籍学級での学習に必要な言語能力を身につけさせる指導が中心になる。単語レベルから文章の読解や作文の指導が加わる。この段階では、「聞く」「話す」「読む」「書く」の４つの技能を意識した「技能別日本語」の指導が必要になる。また、児童生徒の日本語力とともに学力も考慮し、特に高学年児童や中学生に対しては、教科内容の理解力をつけさせるために必要な基本的語彙の指導が中心になる。日本語指導から教科指導への移行的段階であり、「日本語と教科の統合学習」という視点から指導内容を構成していくことが求められる。「JSLカリキュラム」は児童生徒にとって必要な教科内容と日本語の表現とを組み合わせた授業をめざしたものである。実際には、教科に必要な言葉や表現、文章の読み方を教える比率が高くなるため、教科書等の漢字に振り仮名をつけて教える指導も多くなる。

　教科指導は、在籍学級での教科学習を支援するためのもので、教科内容をより分かりやすくするための予習的指導であったり、易しい日本語による教科内容の説明であったりする。しかしながら、外国人児童生徒の編入が高学年化するにつれて、教科内容理解のための日本語が難しくなり、日本語学習への負担が大きくなる。したがって、母語による説明をして、日本語の習得度に関係なく、教科の内容を指導することが必要になってくる。そのために、算数や理科などの一部の教科では子供たちの母語に訳した教材も作られている。教科によっては、外国人児童生徒の母国での学習歴が日本の学校での学習内容とかなり異なっていたり、社会体験や生活文化に関する知識等の欠如があったりするため、担当教師や日本語指導の支援者からの翻訳や母語の助けを借りながら取り組む

ことが大切になる。

　来日した子供たちは1〜2年もすれば流暢な日本語（生活言語：BICS）を話すようになるが、その流暢さは必ずしも学力と結びついたものではない。学習言語能力（CALP）の習得には5〜7年かかると言われ、教科指導の難しさは、外国人児童生徒の年齢・学力・学習歴の違いによるところが大きいのである。したがって、子供たちが学習上の困難に直面したときに、その原因が日本語力の弱さにあるのか教科内容に関する知識・体験不足にあるのかを見極めることが大切になる。そして、中学生で進学を希望するような場合には、限られた時間の中で学習するのは不可能に近い。そのために、教科の学習項目を厳選することも必要になってくる。特に、常用漢字以外の漢字が多く、固有名詞が多い日本史や世界史では専門的な見地からの検討が求められている。

　成人学習者の場合は、すでに母語が確立し、認知能力も高いレベルにあるが、小学校の低学年児童の場合は、第一言語が発達段階にあるため、メタ認知力も成人ほど発達していない。母語による抽象的・論理的思考力が十分ではないので、精神的・身体的発達を踏まえた指導が大切になる。また、母語による知識を獲得し思考概念を確立している中学生の場合には、既習内容と関連づけた指導や、第一言語を活かした指導を心掛ける必要がある。外国人児童生徒への日本語指導では、成人に対する日本語指導とは異なった観点から取り組むことが重要になる。

4．学校形態

　指導の形としては、自校に在籍する外国人児童生徒に対して日本語指導を行うのが一般的であるが、指導の効率性や教員配置の観点から、近隣地域に居住する外国人の子供たちを一か所に集めて集中的に指導しているところもある。「拠点校」「センター校」と呼ばれているものである。

拠点校というのは、日本語指導が必要な外国人児童生徒をある一定期間、日本語指導を集中的に行うために在籍させる学校である。センター校とは、ある地域の特定の学校に日本語指導教室を設け、近隣の学校に在籍している日本語指導が必要な外国人児童生徒を、学期単位などで、午前あるいは午後に通級させる学校である。

　拠点校方式での利点は、不定期な編入学で日本語力がばらばらな児童生徒をレベル別にクラス分けし、集中的に指導できることである。また、児童生徒の多少の増減があっても、学校運営の受ける影響は少なく、クラス指導が安定しやすい。また、専任の指導者が常駐することで、カリキュラムの体系化が可能となり、教材・教具の作成や改善、蓄積が可能となる点が挙げられる。結果として、日本語指導の質を向上させることができる。一方、学区外からの通学のため、その時間や費用が多くかかり、放課後や休日に地域の子供たちと交流ができないなどの問題も生じる。

　センター校方式での利点は、拠点校方式と同様に指導の効率性を高められることである。しかし、児童生徒の在籍する学校とセンター校との時間割りの調整が困難で、センター校へ通級させるための交通費や移動中の安全の確保などの課題に直面することになる。

　日本語指導の面からは、利点の多い拠点校・センター校方式であるが、実際にいずれかの方式を採用して指導を行っている学校はきわめて少ない。

5. 特別の教育課程

　日本語指導が必要な児童生徒を対象とした「特別の教育課程」について紹介する。まず「制度の概要」である。これまでは児童生徒を受入れた後、一部の先生に任せる、あるいは学校全体でということはあった。

2014（平成26）年４月１日にこのような「特別の教育課程」が学校教育法施行規則の一部を改正して作られた。制度の概要としては児童生徒が日本語で学校生活を営み学習に取り組めるようになるための指導ということになる。指導対象は、小中学校段階に在籍する日本語指導が必要な児童生徒である。指導者は教員免許を持った、日本語指導を担当する教員ということになっている。そして、授業時間は年間10単位時間から280単位時間までを標準とし、初めてこのような授業時間数が明示された。指導の形態は、「取り出し」指導である。指導計画の作成、学習評価の実施計画、およびその実績は子供たちが多様であるがゆえに、各学校に任せられている。制度導入によって、日本語指導をはじめ地域や学校における関係者の意識および指導力の向上、そして最終的には組織的に継続的な支援の実現など学校全体で取り組むことが期待されている。

6. カミンズ（Cummins）の２言語共有説（氷山説）

　筆者が外国人児童生徒の日本語指導ならびに教科指導の在り方を考える上で参考になったのが、カミンズ（Jim Cummins）の２言語共有説である。氷山説としてバイリンガル教育の分野では知られた学説である。

　カミンズによると、母語による言語能力を保持した子供が来日して、新たに日本語を学ぶ場合、表層面では、母語と日本語とでは音声や文字、文法などの言語構造は明らかに異なっている。このことから２つの言語は全く異なる言語として捉えられる傾向があるが、目に見えない深層面では、２言語が共有する部分が存在するという。２つの言葉のチャンネルは異なるが、両言語の運用力を作動させる中央作動システムが共有され機能しているとされている。中央作動システムとは、他の言葉で言えば思考力、認知力、想像力などにあたるものである。

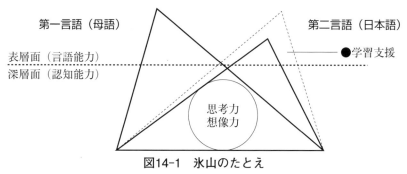

図14-1　氷山のたとえ

出典：J. Cummins and M. Swain（1986）*Bilingualism in Education*, Longman.
から作成

　このような学説から指導の参考になることは、過去に母語で学んだ教
科内容や一般知識については、新たに学び直す必要がないことである。
すでに母語で考えたり表現できたりする子供たちに対しては、日本語に
よる置き換えをどのように実現していくかが検討すべき課題になる。小
学校の低学年児童の場合には、第一言語が発達段階にあるため、メタ認
知力も成人ほど発達していない。母語による抽象的・論理的思考力が十
分ではないので、精神的・身体的発達を踏まえた指導も大切になる。
　学齢期の外国人児童生徒にとって、日本の学校で新たに学ぶべき事柄
は多い。単純に母語で獲得した知識を日本語で置き換えるだけでは追い
つかない。日本語指導とともに、教科内容をいかに学ばせるかが課題に
なる。特に、母語による知識を獲得し思考概念を確立している中学生の
場合には、既習内容と関連づけた指導や、第一言語を活かした指導を心
掛ける必要がある。この点で、子供たちのすでに持っている学力や思考
力を活用しながら新たな学びに結びつけられるような手だてを講じるこ
とが重要になってくる。そこでは日本語の言語的側面のみに特化した指
導だけでなく、子供たちの深層面、すなわち認知能力に関わる側面にも

考慮したアプローチが求められることになる。こうなると、外国人児童生徒への支援は、日本語支援という枠を超え、いかに学力を向上させられるかという学習支援へと深化したものにならざるを得ない。

　留学生のような成人学習者の場合は、すでに母語が確立し、認知能力も高いレベルにあるが、外国人児童生徒への日本語指導では、成人に対する日本語指導とは異なった観点から取り組まなければならない。

7．言語指導と教科指導統合の試み－CALLA －

　第二言語としての英語教育（ESL：English as a Second Language）の分野においても、年少者に対する英語指導と教科指導との連携の在り方については、さまざまな試みがなされてきている。そんな中、学習ストラテジー研究の第一人者であるChamotとO'Malleyは、ESL教育においても体系的に研究されていなかった英語指導と教科指導の連携、橋渡し指導について一つのモデルを示している。CALLA（The Cognitive Academic Language Learning Approach）と呼ばれるもので、日本語では「認知的教科言語学習法」とでも訳せるだろうか。

　CALLAは、基本となる理論を学習と認知心理学に求めている。そして、認知論における第二言語習得論と言語学習ストラテジーの研究成果を踏まえて理論的な枠組みを体系化している。第二言語習得に関わる知識としての「手続き的知識（procedural knowledge）」と「宣言的知識（declarative knowledge）」に注目し、学習とはこの二つの知識を通して体系的に身につくものであるとしている。

　手続き的知識とは、プラモデルの組み立て方や自動車の運転の仕方、料理の作り方など方法に関する知識を指す。一方、宣言的知識は、事実や言葉の意味などの知識を指し、児童生徒の教科内容をはじめ、日本語に関わる規則、構造などの知識に相当する。迫田（2002）によると、手

続き的知識は、実際に日本語をどう使うかという「できる」場合の知識で、宣言的知識は、言語の形式や意味など頭で理解し、「分かる」場合の知識としている。次の図は、CALLAモデルを参考に、日本語指導と教科指導の連携を図式化したものである。

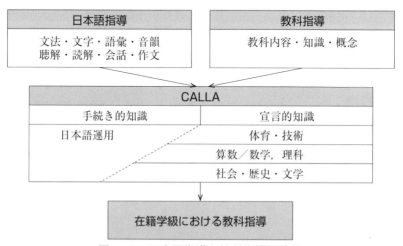

図14-2　日本語指導と教科指導の連携

出典：*TESOL QUARTERLY,* Vol. 21, No. 2 June 1987を参照して筆者作成

　学習者は、既有の知識に新しい日本語データを認識し、自発的に取り込んで日本語力を高めようとする。その際に学習者はさまざまな学習ストラテジーを活用するとしている。CALLAモデルでは、言語習得理論を基に実践例を紹介している点で、研究と実践をつなぐモデルとして参考に値するものである。

　紙面の都合上、言語学習ストラテジーについては詳述しないが、一般的定義は、学習者が知識を効果的に構築しようとする際に用いる方策・手段、および自らの学習能力を促進させる操作、また、学習をより効果

的に、また楽しく行えるようにするための学習者自らの創意・工夫と言われている。

　これまでの外国人児童生徒への取り組みの実践報告の多くは、初期段階から中期指導のもので、教科指導を取り込んだものはあまり多くない。たとえ日本語教師が教科内容を盛り込んだ指導を行っても体系化されたものになっているとは言い難い。もちろん背景には、日本語教師が日本語を指導し、教科教員が教科指導を担当してきた感が強く、日本語教師は教科内容を取り込んだ指導が必要であると感じつつ、大胆に踏み込むことを避けてきたところがある。お互いが領域侵犯しないようすみ分けを行ってきたという現実があるかもしれない。教科教員も以下に示すような教科内容の認知的負担度を認識し、言語的側面から日本語教師と連携し、教材の準備、提示の仕方、話し方の調整や工夫など特別な配慮をする必要がある。連携による数々の実践を積み重ね、日本語力が弱い児童生徒に対する教科指導への具体的な提言を期待したいところである。

図14-3　認知力必要度と場面依存度で分析した科目群
出典：『マルチリンガル教育への招待　言語資源としての外国人・日本人年少者』
　　　ひつじ書房（p. 32）を元に作成

今まさに、日本語指導および教科指導を包括した「学習支援」の名の下に、CALLAのような指導法を体系的にまとめたものの開発が急務である。教科内容の指導法と日本語指導を統合したものにすることが必要である。カリキュラムの統合化により、新たな指導法が生まれることになるかも知れない。教科教師と日本語教師が連携し、これまでの指導の経験や蓄積を基にそれぞれの知恵と工夫を活かしたカリキュラム・モデルの創出が期待されている。そして、そのための言語習得面と教科内容学習面を実践の場に生かせるような研究と実践が待たれていると言えるだろう。

8. 研究と実践の融合をめざして

文部科学省はこれまでにもさまざまな支援施策を行ってきた。外国人児童生徒等に対するものとしては、教員向け「外国人児童生徒教育研修マニュアル」等が作成されている。「受入れの手引き」そして実際に教えることになったときの情報検索サイト「かすたねっと」というホームページ、そして「JSLカリキュラム」「JSL対話型アセスメントDLA」などがすでに配布されて活用されている。

外国人児童生徒の日本の学校への受入れは、これまでほとんど日本語教育と無関係にあった教育関係者を、第二言語としての日本語教育に目を向けさせ、学校教育における日本語学習と学力の保障の在り方についてさまざまな課題を提供することになった。そして、外国人児童生徒への日本語教育は、言語教育以外の分野からの研究や知見が相互に影響し合う学際的領域として高い関心が寄せられるようになってきた。まさに日本語教育のボーダーレス化が加速度的に進んでいる領域であると言える。外国人児童生徒に対する日本語教育は、関連する専門分野からの研究成果を多角的に取り入れた統合的アプローチが大切であり、言語教育

における研究と実践を通して、一層の推進と向上、そして充実が期待されている。

参照文献

伊東祐郎（1999）「外国人児童生徒に対する日本語教育の現状と課題」『日本語教育100号』日本語教育学会

梶田正巳、松本一子、加賀沢泰明（1997）『外国人児童・生徒と共に学ぶ学校づくり』ナカニシヤ出版

外国人子女の日本語指導に関する調査研究協力者会議（1998）『外国人児童生徒に対する日本語指導実態調査結果の分析：外国人子女の日本語指導に関する調査研究《最終報告書》』東京外国語大学

近藤ブラウン妃美・坂本光代・西川朋美編（2019）『親と子をつなぐ継承語教育』くろしお出版

櫻井千穂（2018）『外国にルーツをもつ子どものバイリンガル読書力』大阪大学出版会

佐藤郡衛・斉藤ひろみ・高木光太郎（2005）『小学校JSLカリキュラム「解説」』スリーエーネットワーク

中島和子（2010）『マルチリンガル教育への招待　言語資源としての外国人・日本人年少者』ひつじ書房

バトラー後藤裕子（2003）『多言語社会の言語文化教育』くろしお出版

ベーカー,コリン著、岡秀夫訳（1996）『バイリンガル教育と第二言語習得』大修館書店

真嶋潤子（2019）『母語をなくさない日本語教育は可能か』大阪大学出版会

文部科学省（2014）『外国人児童生徒教育研修マニュアル』

文部科学省（2014）『外国人児童生徒のための JSL 対話型アセスメントDLA』東京外国語大学編

文部科学省（2019）『外国人児童生徒受入れの手引き　改訂版』

文部科学省（2019）「日本語指導が必要な児童生徒の受入状況等に関する調査（平成30年度）」https://www.mext.go.jp/content/20200110_mxt-kyousei011421569_

00001_02.pdf

文部科学省（2020）「外国人児童生徒等教育の現状と課題」
https://www.soumu.go.jp/main_content/000684204.pdf

Chamot, A. U. & O'Malley, J. M. (1994). *The CALLA Handbook : Implementing tha Cognilive Academic Language Learning Approach,* Reading, MA:Addison-Wesley Publishing Company.

Chamot, A. U. & O'Malley, J. M. (1987) "The cognitive academic language learning approach: A bridge to the mainstream." *TESOL Quarterly* 21, 227-249.

Cummins, J and Swain, M (1986) *Bilingualism in Education,* Longman.

Genesee, F (ed.) (1994) *Educating Second Language Children: The Whole child, the whole curriculum, the whole community,* Cambridge University Press.

Met, M (1991). "Learning language through content; learning content through language." *Foreign Language Annals* 24, 281-95.

15 │ 日本語教育と教材開発

伊東祐郎

《**目標＆ポイント**》　日本語教育に必要な教材とは何かを理解した上で、教科書や関連する教材の作り方や留意すべき点について理解を深める。
《**キーワード**》　主教材、副教材、デジタル教材、著作権

1．教材とは何か

　教材とは、日本語教育を行う上で補助的に必要な材料・素材一般と言うことができる。教室で日本語指導を行う際に必要なものは、白板（黒板）、マーカー（チョーク）、実物投影機（書画カメラ）、パソコンなどがある。そして、なんと言っても指導内容が掲載されている教科書や関連する補助教材があり、広い意味で日本語教育を行うために必要なもの全てが教材に該当すると言える。しかしながら、もう少し焦点や対象を絞り込んで教材について考察してみたい。学習者が購入するものとして教科書がある。また関連する練習帳やワークブックなどがある。本章では、主教材、副教材（補助教材）という観点から教材を見てみる。

　主教材としてはまず、日本語学習に欠くことのできない教科書が挙げられる。日本語プログラムやコースの中で中心的に使われる教材である。教えるべきこと、学ばなければならないことが網羅されているので、教科書は教師、学習者双方にとって、学習内容を共有できるものになる。一方、副教材というのは、主教材に関連した教材という位置づけとなり、

ある意味で教科書の内容で不足しているところを補完したり、新たに追加したりする役割を担っている。教科書の内容の構成によって異なるが、例えばよく知られた教科書『みんなの日本語』であれば、「翻訳・文法解説」「文型練習帳」「標準問題集」などが副教材にあたる。教科書のシリーズによっては、『みんなの日本語』のように副教材に相当する教材を補助教材と言っている場合もあり、副教材と補助教材はほぼ同意で使われている場合が多い。

　さて、教材の多様化によって、主教材や副教材が必ずしも紙媒体であるとは限らなくなっている。これまでも、紙以外に、CD、DVD、などの音声教材や動画教材が開発されてきた。最近はあまり聞かれなくなったが「マルチメディア（複合媒体）教材」が一時期話題になったこともあった。複数の種類の情報をひとまとめにして扱うメディアのことで、1980年代のパソコンの普及に伴って、磁気テープ以外にフロッピーディスクやハードディスクが記録メディアとして利用できるものをマルチメディア教材と称していた。マルチメディア教材の利点は、紙教材と異なり、加工や編集がしやすいことが挙げられる。例えば、写真の拡大や縮小が容易にできたり、複数の写真の配列を入れ替えて、順番を変えたりすることも簡単にできる。また、写真の一部を切り取って、必要な部分を取り出して新たな教材として加工や編集も可能である。

　次に生教材について触れておく。レアリアと呼ぶ場合もあるが、本物、実物という意味である。実際の生活や社会の中で使われているものを教材として用いる際に、教育目的で開発作成された教材と区別するためにこの用語が使われる。紙の生教材としては新聞や新聞の折り込み広告がある。実際に配布されたチラシや食堂などで目にするメニューなども生教材になる。音声や画像の生教材としては、ラジオやテレビで流れるニュースや天気予報、お知らせなどがある。また、教師自らが撮影した

ものや収録したものも、教材用に加工していなければ生教材と言えるだろう。例えば、駅のアナウンスや駅や空港で見かける広告や標識、電光掲示板などがそれらに相当する。

2. 主教材である教科書とは

　日本語教育のために開発されている教科書はどのような種類あるいは構成になっているのだろうか。

　まず、教科書は日本語レベルに応じて開発されていることが一般的である。初級、中級、上級と大きくは三つのレベルを想定して開発されることが多い。日本語を勉強しようとする学習者が最初に手にするものは、やはり自分自身の日本語能力レベルに相応しい教科書になるだろう。教科書に日本語レベルが明示されていると学習者にとって教科書を選択する際の助けとなる。また、教科書を開発する側にとっても、学習者のレベルを明確にすることによって、レベルに相応しい語彙、文型、表現や取り上げるトピックやテーマなどを絞り込みやすくなる。しかしながら、初級、中級、上級という日本語能力レベルの呼称は、レベルが厳密に決められているわけではない。ある意味において日本語教師が経験的に理解しているレベル分け、能力区分、能力の目安として理解しておきたい。

　次に教科書開発で検討すべきは、どのような能力を養成することを目的とした教科書にするかである。その際に検討の対象になるのが、ある技能に特化した教科書にするのか総合的な能力を身につけさせるための教科書にするかである。技能別と言えば、「聴解」「読解」「会話」「作文」と大まかに4技能に分けられる。初級レベルでは、語彙や文法力が限られるので、技能別というより総合型教科書が多い。中級以降は、学習者の目的に応じて技能に特化した教科書が比較的多く開発されている。

　次に、教科書の内容がどのように検討され決定されていくのかを解説

する。基本的には学習者の学びたい、あるいは学ぶ必要のある日本語の領域や使用場面を考慮して決定されていく。例えば、留学生が将来日本の大学で学ぶために日本語を学習する場合、教科書の内容はアカデミックの領域や大学という場面で使用する日本語を中心に構成される。アカデミック日本語の場合は、聞いたり、話したりする以外に、資料やレポート、学術書などを読んだりすることが求められので、かなり高度な日本語能力となる。また、自らのレポートや論文を書くことが必要になってくるので、学術的な文章を書く能力も必要となる。したがって、教科書の構成はこのような4技能をバランスよく学べるように配列、配置することが必要になってくる。

　一方、ビジネスパーソン向けに開発された教科書は、アカデミック分野と異なり、読解力や高度な文章表現力は必要ない場合もあり、4技能を全てバランスよく学べるように構成する必要がないことも考えられる。また、介護や看護に関する日本語教科書では、なかり専門的な語彙を学ぶことになるので、この分野の専門家と共に教科書を開発する必要が出てくる。筆者が以前、外国人児童生徒のための「JSLカリキュラム」を作成した際には、日本語と教科内容を融合させた教科書の開発が求められた。その際には、やはり教科内容に精通している教員と話し合いながら、教科で取り上げられるテーマやトピック、また学年を通した配列順序などにも考慮して日本語指導と教科指導を融合させていく作業が必要になり、かなりの時間を要したことを思い出す。

　教科書をどのようなシバラス構成にするかによって、教科書の特徴も変わってくる。教育目標によって採用されるシラバスは変わり、教科書で取り上げる内容も異なってくる。最終的に学習者に身につけてもらいたい知識や能力も影響を受ける。筆者が以前に勤務していた教育機関では、日本の大学学部進学を目指す日本語教育を行っていたので、文法事

項を体系的に学習できるよう構造シラバスを核とした教科書が開発されていた。授業では、各回、文法事項が提示され、文法解説があって、その後、複数の例文を使って口頭練習や文型の練習を行っていた。構造シラバスが採用された背景には、学んだ文法事項を即座に使う状況や場面はないかもしれないが、文法構造を一通り学んでおくことによって、近い将来、特に高度な文章を理解したり、レポート等を執筆したりする際には、過去に学んだ文法項目を思い出して日本語能力を発展的に向上させられる期待があったからである。

　一方、場面シラバスを中心に構成された教科書は、学習者が遭遇しそうな場面が可能な限り配列されているので、それぞれに必要な日本語を効率よく学ぶことが可能になる。私たちが海外旅行へ行く前に学ぶ外国語というのは、まさに場面を中心に構成されている。最初に降り立つ空港の場面を取り上げて、入国審査時に必要な語彙や会話表現を提示したり、タクシーに乗車した際に行き先を告げる表現や、ホテルにチェックインする際に求められる会話力などが配列されたりする。場面シラバスで取り上げる文法事項や言語運用力は、場面によって異なるので、必ずしも４技能がバランスよく配列されるとは限らない。

　機能シラバスで構成された教科書に出会ったことはあまりない。強いて言えば、感謝を述べる方法や依頼をする際に必要な表現、また断りの時に必要となる適切な表現などリストアップして作成された教科書がこれに該当するだろう。多くの教科書はこのような機能面の学習事項が学習活動のタスクの中に盛り込まれていることが多いので、これらがどのように構造化されているかを知るには教科書分析が必要になってくる。世に普及している教科書は、構造シラバスや場面シラバス、そして話題シラバスをうまく組み合わせて構成された内容になっていて、教科書開発の工夫や苦心が感じられることも少なくない。

　次に大切になってくることは、教科書をどのようメディアで提供するかということである。これまでは教科書と言えば紙媒体が一般的だった。しかしながら、デジタル社会が進展するにしたがって、教科書の提供の仕方や販売の仕方も多様化している。今では電子書籍としてデジタル教科書も出回るようになってきたので、教科書をスマホやタブレットなどの端末を見ながら学ぶという光景も普通になりつつある。

3．教材開発のプロセス

　国際交流基金の教授法シリーズ第14巻『教材開発』には、教材開発のプロセスが次のように8つのステップでまとめられている。
　ステップ1．教材を作る前に
　ステップ2．教材を設計する
　ステップ3．企画書を作成する
　ステップ4．教材開発を進める
　ステップ5．試用し、評価する
　ステップ6．完成する
　ステップ7．使用し、改善点を明らかにする
　ステップ8．改訂する
以下にそれぞれについて概観してみる。

●ステップ1．教材を作る前に
　教材を新たに開発するには、それなりの理由や状況が考えられる。まずは作成の必要性について検討することが大切になる。世の中にはすでにかなりの教科書や関連する教材が出回っている。莫大な労力をかけなくても既存の教科書等で対応できるようであれば、あえて教材開発をする必要はないかもしれない。したがって、まずは現状の把握を行って、

必要とする教科書が存在しないという理由を確認した上で、教科書の開発の必要性、また動機を明確にしておくことが大切である。日本語教育や日本語学習者のニーズの多様化によって、またデジタル社会の進展によって、これまでの様式や内容では不十分である理由から教材開発の目的やニーズが特定されることになる。

　あわせて、既存の＜教科書の分析＞を行うことも大切である。多くの学習者に愛用されている教科書を分析することによって、愛用されている理由、例えば、使い勝手がよいとか内容が豊富であるとかさまざまな特徴や要因が考えられる。また一方で、市販の教科書にはどのような問題があって改善するにはどうしたらよいかなど把握しておくことも肝要になる。新たに教材開発をする前に、既存の教科書がどのような目的や理念で開発され、どのような学習者や教授法それに伴う学習活動を想定しているのか、付属教材の有無や教科書に提示されている内容等について分析しておくことは、新たな教材を開発する際に多くのヒントや示唆を与えてくれる。以下に＜教科書の分析＞の観点を示しておこう。

・「学習目標」はどのように記述されているか。
・「学習項目」は何（文法、語彙、など）が明記され、どのように配置
　されているか。
・「シラバス」はどうなっているか。
・「練習」「課題」等は何が網羅されているか。「学習項目」との関連性
　はどうなっているか。
・「全体の構成」「各課の構成」はどのようになっているか。
・学習者の学習リソース度（文法解説、文化情報、イラスト、など）は
　どうなっているか。
・教師の授業準備負担度（文法解説、練習問題、イラスト、指導順序な
　ど）はどうなっているか。

・ICTの導入等活用度はどうなっているか。
・言語能力の習熟度、達成度の基準はJLPT（Ｎ５〜Ｎ１）やCEFR（Ａ１〜Ｃ２）等を参照しているか。

●ステップ２．教材を設計する

　一般的に教科書を開発する場合、すでに想定される日本語学習者が存在し、彼らや彼女らに身につけてもらいたい日本語能力がある程度把握できていることが多い。また、新たに日本語プログラムを始める場合には、教育理念や教育目標が明確に掲げられている場合も少なくない。したがって、教科書を設計する場合、教育プログラムについて十分に理解しておくことが大切になる。まずは該当するプログラムで学習する学習者の特性に関わる事前調査が必要になる。年齢をはじめ、母語が何言語に及ぶのか、将来は日本語を使ってどのような分野で活躍することになるかなど学習者情報を把握する必要がある。年齢に関しては、取り上げるトピックを考える上で参考になる。母語の実態を把握しておくことは、教科書に記載する外国語の使用の有無やどの程度使用するかなどを検討する際に役に立つ。どのような日本語を使うことになるかを把握しておくことは、どのようなシラバスにするかを検討する際に役に立つ。

●ステップ３．企画書を作成する

　企画書を作成する段階である。これから開発する教科書がどのような学習環境で使うことになるかを検討する。従来のような対面による教室での使用を目的としているのか、ICTを活用したオンライン授業と対面授業という反転授業を想定した使用になるのか、あるいは自学自習を目的としたデジタル学習を想定したものかによって、企画書の基本となる枠が異なってくる。

　次に学習者の属性についても想定しておく必要がある。ステップ１.
のところでも言及したが、母語、年齢、日本語力レベル、学習環境や要
件などがそれに相当する。また、日本語プログラムが目指している学習
目標については特に重要となる。日本の大学進学を目的としたプログラ
ムと就職や専門職を目指したプログラムとでは最終のゴールが異なる。
教科書の開発においては、最終のゴールを明確にして、養成すべき言語
能力を特定化しておくことは重要である。

●ステップ４．教材開発を進める

　この段階では、企画書に基づいて教科書の教育素材を選定し配してい
く作業が中心になる。日本語教育であるので、まずはどのような語彙や
文型を学習項目とするかを検討する作業となる。ここで留意したいのは
シラバスである。文法シラバスであれば文法事項の配列を、場面シラバ
スであれば場面を、機能シラバスであれば機能を適切に選び、また組み
合わせて実際の教育内容に仕上げていく必要が出てくる。いわゆるシラ
バス・デザインをしっかりと行うことになる。その上で、会話例を提示
する場合は、会話を書き上げる必要がある。読み物を提示する場合は、
読解テキストを書き下ろすか、既存のリソース（テキスト）から見つけ
て編集することなる。著作権が生きているものを教育素材として活用す
る場合には、著作権処理の問題が発生する場合もあるので要注意である
（山田・伊藤 2021、文化庁 2023）。

　日本語教育の実際の活動は、新たな学習事項の導入とそれらの学習、
そして運用力を育成するための諸活動から成り立っている。教科書にこ
れらの要素をどのように盛り込んでいくかが教材の特色に影響を与える
ことになる。そのために、学習事項を選定し配列した後は、運用力を身
につけさせるための活動を考案しなければならない。活動は大きく分け

て、文法や語彙を定着させるための基礎練習と、それらを基に応用し発展させるための応用練習がある。それらの練習を効果的に組み合わせることによって、どのような学習素材が必要であるかを検討し、必要に応じて、写真やイラスト、また音声や画像などを用意する必要がある。

　これまでの教材開発は、紙媒体による開発が中心だった。今後は、デジタル教材の開発が大きなウエイトを占めるようになるだろう。したがって、このステップでの教材開発では、デジタル教材に関わる開発手順についても言及しておきたい。

　デジタル教材の開発で必要になってくるのは、やはりICT技術に長けている人材とのコラボレーションである。日本語教師は日本語教育の内容については精通していても、実際にデジタル技術の活用となると、必ずしも最先端の情報や技術を有しているわけではない。デジタル技術を活用あるいは応用するかは、デジタル技術の専門家とのコミュニケーションをいかに密にとっていくかに関わってくる。日本語教師が望んでいるデジタル活用の仕方をうまく技術者に伝えられるかどうかが鍵となる。また技術者がよかれと思い、導入したシステムが、日本語教育的にはしっくりこないということも起こりえる。デジタル教材の開発では、日本語教師と技術者が何度もやり取りをして教材を創り上げていくことになり、忍耐力が必要になる創作作業となる。

　参考までに、学習用デジタル教科書・教材の主な機能については、『教科書を作る』から以下の内容を紹介しておく。

表15-1　学習者用デジタル教科書・教材の主な機能

機能	機能
拡大機能	画面を大きく拡大して見ることができる
音声再生機能	詩の朗読や英語の読み上げや発音などを聞くことができる
アニメーション機能	アニメーションや動画を見ることができる
参考資料機能	教科書紙面にはない画像や資料を見ることができる
書き込み機能	画面上に線や文字を書くことができる 画面上で、ノート、カード、マップ、ふせんなどに考えを書くことができる
作図、描画機能	画面上で、図を動かしたり数を変えて調べることができる
文具機能	画面上で、分度器やコンパスなどを使うことができる
保存機能	画面への書き込みなどを保存し、また、見ることができる
正答比較機能	正解を画面に出して自分の答えと比べたり、発音を音声認識して自動チェックしたりすることができる

出典：『学びのイノベーション事業 実証研究報告書』文部科学省（p.159）

●ステップ５．試用し、評価する

　日本語教科書の開発では、実際に日本語指導を行ってみて、使いやすさや内容の洗練度などを確認したり検証したりする段階がある。以前に筆者の所属していた教育機関では、新たに開発した日本語教科書を数年試用版として使用し検証した。この期間に行ったことは、教科書内の原稿の誤字・脱字の確認をはじめ、学習者の反応や感想などを確認した。文法解説について言えば、分かりやすい説明になっているか。例文は学習者レベルに適切な語彙や文型で構成されているかなどを確認する。練習問題では学習者が戸惑うような表現や構成になっていないかなどを確認し、複数の教師が試用版を使用して多面的に確認する。気づいたことを書き込む試用版教科書を一冊用意し、全てのコメントや意見等を書き込んで、完成度の高い教科書に仕上げた。

●ステップ６．完成する

　試用期間中に得られた情報を基に最終版に仕上げ、教科書は完成となる。出版社から発刊する場合は発刊に関する契約がある。著作権や販売に関わる印税など、専門知識を求められる手続きが控えているので、必要に応じて専門家などに相談しながら手続きを進めることになる。試用版で使ってきた教科書は、販売となると装丁など商品としてのデザインや素材などについても検討することになる。教科書のコンセプトが出やすいようなカラーやデザインが必要になるだろう。

●ステップ７．使用し、改善点を明らかにする
●ステップ８．改訂する

　上記二つのステップは、ステップ５と６と内容が重複するので省略する。

　これまでの紙媒体を中心に作成してきた「文字カード（平仮名、片仮名、漢字）」「文型カード（文型を示したもの）」「語彙カード」「イラストカード」「写真パネル」「レアリア」などは今後はデジタル機器やアプリを利用しての開発が主流となるが、どのような形で生まれ変わることになるのだろうか。教材作りの可能性も広がり大いに期待したい。

　なお、最後に「みんなの教材サイト」（運営：国際交流基金日本語国際センター）を紹介しておく。このサイトは、日本語教師のための登録制ウェブサイトで、教材作成のための素材・アイデア、その他授業に役立つ情報が満載である。

参照文献

今井新悟・伊藤秀明編著（2019）『日本語の教科書がめざすもの』凡人社

岩田一成編（2018）『語から始まる教材作り』くろしお出版

国際交流基金編（2008）『教材開発』ひつじ書房

関正昭・平高史也編著（2015）『教科書を作る』スリーエーネットワーク

関正昭・平高史也編（2012）『読解教材を作る』スリーエーネットワーク

関正昭・土岐哲・平高史也編（2010）『会話教材を作る』スリーエーネットワーク

野田尚史・桑原陽子編（2022）『日本語コミュニケーションのための読解教材の作成』ひつじ書房

深澤のぞみ・本田弘之（2019）『日本語を教えるための教材研究入門』くろしお出版

文化庁（2023）『著作権テキスト－令和5年度版』文化庁著作権課

文化庁「令和5年度著作権テキスト」〈https://www.bunka.go.jp/seisaku/chosakuken/seidokaisetsu/93726501.html〉（2023年12月1日閲覧）

みんなの教材サイト（日本語教師のためのユーザー登録制サイト）〈https://www.kyozai.jpf.go.jp〉（2023年12月1日閲覧）

文部科学省（2014）『学びのイノベーション事業 実証研究報告書』

山田智久・伊藤秀明（2021）『オンライン授業を考える：日本語教師のためのICTリテラシー』くろしお出版

吉岡英幸・本田弘之編（2016）『日本語教材研究の視点－新しい教材研究論の確立をめざして』くろしお出版

索　引

●配列は五十音順、＊は人名を示す。

著者紹介

伊東　祐郎 （いとう・すけろう）
・執筆章→1・2・3・4・5・6・11・12・13・14・15

1955年	岐阜県恵那市生まれ
1978年	獨協大学外国語学部英語学科卒業
1983年	米国 Western Illinois University 修士課程修了
1987年	The University of Alabama 外国語センター 講師
1992年	東京外国語大学留学生日本語教育センター 講師
1996年	文部省教育助成局海外子女教育課海外子女教育専門官（併任）
2013年	文化庁「文化審議会」委員
2013年	公益社団法人日本語教育学会 会長
2017年	東京外国語大学副学長（国際交流等担当）・附属図書館長
2019年	文化庁長官表彰
2023年	国際教養大学専門職大学院特任教授（～現在）

主な著書　『日本語プロフィシェンシー研究の広がり』（共著、ひつじ書房、2022年）

『日本語教育 よくわかる評価法』（単著、アルク、2022年）

『留学生のためのアカデミック・ジャパニーズ　動画で学ぶ大学の講義』（共著、スリーエーネットワーク、2019年）

『日本語教育実践』（共著、凡人社、2014年）

『外国人児童生徒のための JSL 対話型アセスメント DLA』（共著、文部科学省、2014年）

『対話とプロフィシェンシー』（共著、凡人社、2012年）

『タスクで伸ばす学習力』（共著、凡人社、2009年）

『日本語教育の過去・現在・未来』第1巻（共著、凡人社、2009年）

『日本語教師のためのテスト作成マニュアル』（単著、アルク、2008年）

『アプローチ&メソッド 世界の言語 教授・指導法』（翻訳本、共著、東京書籍、2007年）

『日本語基礎B　コミュニケーションと異文化理解（'07)』（共著、放送大学教育振興会、2007年）

『日本語基礎A　文法指導法と学習（'06)』（共著、放送大学教育振興会、2006年）

『講座・日本語教育学 第4巻 言語学習の支援』（共著、スリーエーネットワーク、2005年）

『やってみよう「参加型学習」！日本語教室のための4つの手法～理念と実践～』（共著、スリーエーネットワーク、2005年）

滝浦　真人（たきうら・まさと）

・執筆章→7・8・9・10

1962年	岩手県生まれ　小学校から高校まで仙台で育つ
1985年	東京大学文学部言語学専修課程卒業
1988年	東京大学大学院人文科学研究科言語学専攻修士課程修了
1992年	同　博士課程中退
1992年〜	共立女子短期大学専任講師〜助教授、麗澤大学助教授〜教授を歴任
2013年〜	放送大学教養学部・同大学院文化科学研究科教授
社会貢献	言語聴覚士国家試験出題委員、文化審議会委員、日本言語学会評議員、日本語用論学会会長などを歴任
主な著書	『お喋りなことば』（小学館、2000年） 『日本の敬語論 —ポライトネス理論からの再検討—』（大修館書店、2005年） 『ポライトネス入門』（研究社、2008年） 『山田孝雄 —共同体の国学の夢—』（講談社、2009年） 『日本語は親しさを伝えられるか』（岩波書店、2013年） 〈以上、単著〉 『語用論研究法ガイドブック』（加藤重広氏との共編著、ひつじ書房、2016年） 『「させていただく」大研究』（椎名美智氏との共編著、くろしお出版、2022年） 『イン／ポライトネス —からまる善意と悪意—』（椎名美智氏との共編著、ひつじ書房、2023年） 〈以上、共編著〉 『日本語学入門』（編著、2020年） 『改訂版 日本語リテラシー』（2021年） 『日本語アカデミックライティング』（編著、2022年） 〈以上、放送大学教育振興会〉 ほか

放送大学教材　1740237-1-2411（テレビ※）

日本語教育学入門

発　行	2024年3月20日　第1刷
著　者	伊東祐郎・滝浦真人
発行所	一般財団法人　放送大学教育振興会
	〒105-0001　東京都港区虎ノ門1-14-1　郵政福祉琴平ビル
	電話 03（3502）2750

※テレビによる放送は行わず，インターネット配信限定で視聴する科目です。
市販用は放送大学教材と同じ内容です。定価はカバーに表示してあります。
落丁本・乱丁本はお取り替えいたします。

Printed in Japan　ISBN978-4-595-32451-2　C1381